Alexander N. Krylov

WIE ICH ZUM MANN WURDE
Ein Leben mit Kommunisten, Atheisten und anderen netten Menschen

Alexander N. Krylov
Wie ich zum Mann wurde.
Ein Leben mit Kommunisten, Atheisten
und anderen netten Menschen

Dieses Buch nimmt uns mit auf die Reise in ein reales, aber nicht mehr existierendes Land. Wir werden das Leben in der Sowjetunion durch die Erlebnisse eines Kindes kennenlernen, das mit dem autoritären System nicht klarkommt. Es will schnell zum erwachsenen Mann werden und gerät in seiner Naivität immer wieder in unerwartete Situationen. Kleine Geschichten aus einem ganz anderen Alltag lassen uns auf unser eigenes Leben mit anderen Augen schauen, bringen uns zum Schmunzeln und zum Nachdenken zugleich.

Der Autor ist katholischer Priester, Wissenschaftler und Publizist. In Russland geboren, lebt er seit vielen Jahren in Deutschland und nach langjähriger wissenschaftlicher Arbeit entschied er sich für den priesterlichen Dienst. In kurzen humorvollen Erzählungen gibt er einen offenherzigen Einblick in seine abenteuerliche Kindheit.

**Mit diesem Buch unterstützt der Autor
pastorale und sozial-karitative Projekte
der Hilfsorganisationen Renovabis und Caritas**

1. Auflage 2020
@ fe-Medienverlag GmbH
Hauptstr. 22 D–88353 Kißlegg
www.fe-medien.de

ISBN 978-3-86357-275-4

Umschlaggestaltung: Brandlab, Bild: Elena Roche León
Printed in EU

INHALTSVERZEICHNIS

PROLOG

Es ist schon einige Jahre her. Ich wohnte damals in Moskau in der Nähe des berühmten Neujungfrauenklosters. Als ich eines Tages die Haustür öffnete, wollte ich meinen Augen kaum trauen. Die Straße war voll von Kaufleuten, Soldaten, Offizieren, Bauern, Frauen und Kindern aus dem 19. Jahrhundert. Sie trugen komische alte Kleidung, gingen an meinem Haus vorbei und sprachen miteinander über ihre normalen alltäglichen Probleme — über Geld, Einkäufe oder Familienkonflikte. Wohin ich auch schaute, es gab keinen einzigen modernen Menschen weit und breit. „Etwas stimmt nicht", dachte ich und lief eine Zeitlang mit. Erst am Ende der Straße erfuhr ich, dass am zugefrorenen Klosterteich ein Volksfest aus dem Jahre 1895 für einen historischen Blockbuster gedreht werden sollte. Tausende verkleidete Statisten mussten also von ihren Bussen durch unsere Straße zum Drehort laufen. In der Menschenmenge aus dem 19. Jahrhundert hätte ich beinahe an meinem Verstand gezweifelt. Eine einfache Erkenntnis aus dieser Erfahrung: In der Masse kann man sich leicht verwirren lassen.

So ging es auch einigen Menschen in der Sowjetunion. Ich wurde dort geboren und wuchs in diesem sowjetischen System auf. Das, was uns heute anstößig ist, komisch oder sogar dumm erscheint, schien für uns damals eine Selbstverständlichkeit zu sein. Es war selbstverständlich, Lenin zu verehren, den Kommunismus zu loben oder ein rotes Halstuch zu tragen. Es war auch selbstverständlich, zu lachen, zu hoffen, zu suchen und zu glauben. Das normale Menschliche und das Wahnsinnige lagen oft so nah beieinander, dass man es kaum unterscheiden konnte.

Seit zwanzig Jahren lebe ich nun in Deutschland und wurde immer wieder zuerst von meinen Studenten und Kollegen, von Freunden und Bekannten und jetzt auch von Gemeindemitgliedern gebeten, etwas aus dem Leben in der Sowjetunion zu berichten. Auch wenn darüber schon Hunderte von Büchern geschrieben und zahlreiche Dokumentationen gedreht worden sind, so sind doch private Erfahrungen immer spannender. Neben den analytischen Vorträgen begann ich reale Anekdoten aus meiner Kindheit zu erzählen und dadurch trockenen Berichten etwas Geschmack zu verleihen. Ein guter Freund, Christian Rickens, den ich auch sehr als Journalisten schätze, hat über zehn Jahre gebraucht, um mich zu motivieren, meine Erzählungen und Anekdoten aus dem Leben in der Sowjetunion zu dokumentieren und zu veröffentlichen. Jetzt ist es so weit.

Das Glaubwürdige und das Unglaubwürdige in diesem Buch wurde von mir nicht ausgedacht, sondern so aufgeschrieben, wie ich es damals erlebt und erfahren habe. All diese kuriosen Geschichten und traurigen Ereignisse, Glückstränen und überraschenden Entdeckungen waren Teil meines Erwachsenwerdens. Es ist nicht meine Biografie und nicht die chronologische Zusammenstellung meiner Kindheit. Die Erzählungen eines Jungen, der zu einem Mann heranwachsen wollte, stehen exemplarisch für viele andere Menschen, die in der Sowjetunion lebten und mit ihrer Realität klarzukommen versuchten; über die Menschen, die auf unterschiedliche Weise danach strebten gut zu, sein, einander Freude zu schenken und den Sinn des Lebens zu erfahren.

So lade ich Sie ein, mit mir eine Reise in ein nicht mehr existierendes und sogar etwas surreales Land zu beginnen, um dort zahlreiche Menschen, darunter auch Kommunisten und Atheisten, durch die Erfahrungen eines ganz gewöhnlichen Kindes in einer ganz gewöhnlichen privaten Umgebung kennenzulernen.

IM ANFANG WAR DIE LIEBE

Die Liebe auf den ersten Blick, egal, wie romantisch sie sein mag, kann viele Überraschungen mit sich bringen. Als mein Vater meine Mutter näher kennenlernte, musste er schwere Entscheidungen treffen und Liebesopfer bringen. Denn meine Mutter hieß damals Ida Graf und hatte die deutsche Nationalität, was in Russland zwanzig Jahre nach dem Krieg nicht unbedingt vorteilhaft war. Außerdem hatte die Familie meiner Mutter unter Repressionen gelitten und durfte deshalb nicht zu meinem Vater nach Moskau ziehen. Ganz zufällig landete meine Mutter mit meiner Oma in einer kleinen Arbeiterstadt im europäischen Teil des Südural. Dort, während einer Dienstreise, lernte mein Vater meine Mutter kennen und entschloss sich, für die Liebe seines Lebens aus Moskau weg in die Provinz zu ziehen.

Die Kreisstadt mit ca. 40.000 Einwohnern war vielen anderen sowjetischen Städten ähnlich. Sie zeichnete sich aber durch ihre Lage am Fluss zwischen dem malerischen Ural und eine trotz fast 2000 km Entfernung von Moskau bemerkenswerte Infrastruktur aus. Durch diese Stadt, durch viele ihrer Bewohner, sowie ihre Gewohnheiten und Bräuche werden wir das Leben in der Sowjetunion der 1970–80er-Jahre von innen her kennenlernen und manchmal auch auf das Leben der Außenwelt schauen. Wir merken zunächst, dass dies eine sehr grüne Stadt ist, deren Straßen in einem Meer von Grün versinken. Mit vielen Parks, Brücken, Alleen und Springbrunnen hinterlässt sie ein zufriedenes Lebensgefühl. Hier finden wir sieben Schulen, eine Berufsschule, ein Kolleg und zahlreiche Kindergärten. Neben dem Leninplatz steht der im klassizistischen Stil gebaute Kulturpalast, des Weiteren gibt es das Haus der Kultur, drei Kinos, vier Bibliotheken, das Haus der jungen Techniker und das Haus der Pioniere. Dazu noch drei Krankenhäuser, drei Polikliniken, einen Sportpalast mit großem Schwimmbad, ein Fußballstadion und eine Wintereisbahn. In einem Waldpark wurde ein Novum eingerichtet — die Straße der Gesundheit — ein Parcours mit zahlreichen Fitnessgeräten. Fast alles stand den Bewohnern kostenlos zur Verfügung. Und doch erfahren wir diese Stadt als eine Stadt der Arbeiter. Auf einer relativ kleinen Fläche zwischen den Bergen befanden sich ein bedeutendes Metallwerk, ein Lampenwerk, ein Chemiewerk, zwei Bauunternehmen und eine Möbelfabrik, dazu noch eine Molkerei sowie eine Großbäckerei. Den Rhythmus der Stadt bestimmte eine langgezogene Werkshupe, die täglich um 8 Uhr, um 16 Uhr und um 24 Uhr den Beginn einer neuen Arbeitsschicht verkündete. Zur Stadtelite gehörten Parteifunktionäre, Lehrer, Ärzte, Kulturschaffende und einige Familien, die in den Ural während der Kriegsdeportationen aus Moskau und Leningrad kamen. Trotz herrlicher Landschaften machte die schwe-

re Arbeit die Menschen rau und hart. Zwischenmenschliches Miteinander konnte man auf den
ersten Blick eher als grob und nicht unbedingt als
freundlich bezeichnen. Unsere Familie, die in der
Stadt keine Verwandten und keinen Klüngel hatte,
fühlte sich in dieser Umgebung auch nach einigen
Jahrzehnten noch fremd. Die schönsten Erinnerungen schenkten in dieser Stadt nicht die wunder-
schöne Natur und nicht die Kultureinrichtungen,
sondern die Menschen.

Die Gründung einer neuen Familie war für meine
Eltern nicht nur mit Schwierigkeiten, sondern auch
mit Freuden und Anekdoten verbunden. Als Fach-
mann aus der Hauptstadt bekam mein Vater nicht
nur eine gute Arbeit, sondern dazu eine für damalige Verhältnisse große Dreizimmerwohnung im
ersten Plattenbau der Stadt. Meine Tante wohnte damals in einer anderen Ecke des Landes und
konnte meine Mutter nur sehr selten besuchen.
Kurz nach der Hochzeit entschloss sie sich, überraschend als Gast bei uns aufzutauchen. Sie duschte
sich und begann auf die Schwester zu warten. Als
mein Vater nach der Arbeit an der Haustür klingelte, öffnete eine ihm völlig unbekannte Frau im
Bademantel mit einem um den Kopf gewickelten
Handtuch. „Entschuldigung, ich habe mich ver-
tan", sagte mein Vater und ging wieder. Auf der
Straße schaute er sich um: Alle nach einem Muster gebauten Häuser sahen gleich aus. Die Adresse
hatte er nicht aufgeschrieben, Telefon hatten sie
damals auch nicht. Nun wusste er in diesem Mo-

ment nicht mehr, wohin er jetzt gehen sollte: Im vermuteten Zuhause wohnte anscheinend eine andere Familie, die Stadt und die Menschen waren unbekannt und fremd. Zu seiner Freude sah er meine Mutter kommen. Ein Jahr später kam auch ich auf die Welt und unsere Familie bekam ihre vollständige Form.

Die Häuser können gleich aussehen, die Städte können nach einem ähnlichen Rhythmus leben, die Familien können dieselben Probleme haben. Jedes einzelne Leben aber ist einmalig, es hat nicht nur eigene Höhen und Tiefen, sondern auch einzigartige und oft überraschende Wendungen. Dass Gottes Wege unergründlich sind, kann jeder nun selbst feststellen.

LEBENSLANG KINDERGARTEN

Wir Kinder haben uns gerne über unsere Wünsche und Träume ausgetauscht. Feuerwehrmann, Pilot, Soldat und auch Tierarzt, Eisverkäufer, Filmvorführer oder Bäcker — waren bei uns die am häufigsten gewünschten Berufe. Ich wollte dabei vor allem eins — erwachsen werden. Erwachsene müssen nicht jeden Morgen diesen steifen Grießbrei essen, sie sind nicht gezwungen, nach dem Mittagessen drei Stunden im Bett zu liegen. Erwachsene dürfen gehen, wohin sie wollen, und machen, was sie wollen. Sie können sogar selbst Entscheidungen treffen und frei sein. Trotz einer guten und uns liebenden Kindergärtnerin, trotz eines abwechslungsreichen Erziehungsprogramms und aller Bemühungen der sowjetischen Pädagogik war ich immer froh, am Ende des Tages wieder bei meinen Eltern zu sein.

Die besten Wissenschaftler des Landes haben daran gearbeitet, die sozialistische Erziehung attraktiv und nachhaltig zu gestalten. Kleine Kinder durften sich darauf schon in der Kinderkrippe freuen, denn im Alter von neun Wochen wurden sie der staatlichen Erziehung übergeben. Das hatte aus der Sicht des Staates viele Vorteile: Man konnte das spießige Aufwachsen und die familiäre Bindung vermeiden, Grundlagen des kollektivistischen Verhaltens festlegen und die Mütter möglichst früh zurück auf den Arbeitsmarkt holen. Dazu kam auch der naive Gedanke, die Eltern über die Kinder zu erziehen. Wenn die Kinder kommunistische Werte bekämen, würden sie idealerweise auch die Erwachsenen dahingehend beeinflussen, nach diesen Werten zu leben.

In den fortschrittlichen Kindergärten wurde ein sogenannter Fünftagesaufenthalt angeboten. Die Eltern gaben das Kind montags früh ab und holten es am Freitagabend wieder. Es ist kein Wunder, dass manche Väter gar nicht sicher waren, welches der Kinder sie am Freitag nach Hause mitnehmen sollten. Ich wurde täglich um 8 Uhr morgens in den Kindergarten gebracht und um 17 Uhr wieder abgeholt. Formal gesehen gab es im Kindergarten alles, um den Kindern eine glückliche Kindheit zu geben. Wir konnten spielen, singen und tanzen, wir gingen spazieren, besuchten Kinos und feierten alle möglichen Feste. Das Einzige, was für uns nicht vorgesehen war — eine eigene Individualität. Denn alles diente einem höheren Ziel — das Wirgefühl bei uns zu entwickeln. Das bekam ich fast täglich während der Schlafstunde zu spüren. Da ich den Mittagsschlaf nie mochte, musste unsere eigentlich sehr liebe Kindergärtnerin mich ständig bestrafen. Es war kein Spaß, allein in der Ecke mit dem Gesicht zur Wand zu stehen, wenn alle anderen Kinder spielen durften. So verkündete ich eines Tages meine Entscheidung, von nun an ein selbstständiges Leben zu beginnen.

Gesagt, getan. Ich überredete ein Mädchen, mit mir aus dem Kindergarten zu fliehen. Wir hatten uns entschlossen, in einem Gärtchen mit wilden Apfelbäumen, welches ich mal in der Stadtmitte sah, unsere eigene Kita zu gründen. Wir schafften es sogar, den Kindergarten heimlich zu verlassen und uns zu zweit auf den Weg zu machen. Dieser Traum scheiterte, als wir fast am Ziel angekommen waren, da meine Begleiterin plötzlich zurückwollte. Ich fand diese Unzuverlässigkeit nicht gut, konnte sie aber nicht allein durch die Straßen gehen lassen. Zu unserer Überraschung blieb dieser abenteuerliche Ausflug in die große weite Welt völlig unbemerkt und daher auch ungestraft. Mit dem selbstständigen Leben und Erwachsenwerden musste ich noch einige Jahre warten. Damals wusste ich noch nicht, dass auch die Erwachsenen mit dem Erwachsensein ihre Probleme hatten. Das Leben in einem ideologischen System war für alle Altersgruppen wie in einem Kindergarten: Die Bürger werden vom Staat verpflegt, beschäftigt und erzogen. Da, wo selbstständige und selbstdenkende Menschen nicht gebraucht werden, darf man eigentlich nie erwachsen werden — lebenslang Kindergarten also.

MEINE ERSTE PREDIGT

Damals habe ich weder die Kirche noch einen Priester gesehen und doch habe ich als fünfjähriges Kind meine erste Predigt gehalten. Das meinte zumindest meine Kindergärtnerin. Als ich einmal feststellte, dass alle anderen Kinder nichts über Gott wussten und auch noch nichts von ihm gehört hatten, habe ich fast die ganze Kindergruppe zusammengerufen und ihnen mitgeteilt, wer im Himmel wohnt und was er alles für uns macht. Wir befanden uns draußen im Kindergartenhof und schauten in den blauen Himmel, in dem nur ein paar Wolken und ein Flugzeugschweif zu sehen waren. Bei dieser Verkündigung, die nicht den festgelegten Erziehungsrichtlinien entsprach, wurde ich von meiner Kindergärtnerin ertappt. Sie war eine treue Sowjetbürgerin und versicherte mir, dass es keinen Gott gäbe. Sie erzählte, dass unser erster Kosmonaut Juri Gagarin schon im Kosmos gewesen sei und dort keinen Gott gesehen habe. Deswegen, so sagte sie, würden nur dumme und ungebildete Menschen an Gott glauben, sie verlören Zeit dabei und störten sogar unseren Fortschritt. Wir alle haben diese Kindergärtnerin sehr geliebt. Ihre Worte waren für mich so überzeugend, dass ich es kaum abwarten konnte, diese faszinierende Nachricht nach Hause zu bringen.

„Oma, du brauchst nicht mehr zu beten. Juri Gagarin ist im Himmel gewesen und hat da oben keinen Gott gesehen!" — Das war das Erste, was ich sagte, als ich nach Hause kam. Ich kann mich leider nicht mehr erinnern, welche Antwort ich darauf bekommen habe, aber die Diskrepanz zwischen den Erfahrungen von Kosmonauten und unseren eigenen Gotteserfahrungen hat mich seitdem wenig beschäftigt.

Eine richtige religiöse Erziehung war damals nicht möglich. Meine Oma und meine Mutter, mit ihren politischen Vorerfahrungen, haben sich nicht getraut, mich religiös zu erziehen und mir gezielt etwas beizubringen. Die Anwesenheit Gottes im alltäglichen Leben war aber für unsere Familie selbstverständlich. In Omas Zimmer hing ein von meinem Onkel gemaltes Bild, auf dem der barmherzige Jesus mit zwei Engeln auf einem Berg zu sehen war. Auch das Schreiten meiner Oma durch unsere Wohnung mit ihrem Rosenkranz in der Hand gehörten zu unserem regelmäßigen Tagesrhythmus. Mir wurden keine Gebete und keine religiösen Haltungen beigebracht, aber die Existenz Gottes stand in unserer Familie gar nicht infrage. Er ist bei uns einfach immer da gewesen. Meine damalige Kindergärtnerin gehört heute zur Russisch-Orthodoxen Kirche und ist nicht nur tiefgläubig, sondern auch eine überzeugte Verkünderin des christlichen Glaubens. Über die Gotteserfahrungen des Kosmonauten Juri Gagarin haben wir miteinander nicht mehr gesprochen.

ALS SPION ERTAPPT

In den 1970er-Jahren lief im sowjetischen Fernsehen ein Zwölfteiler „Siebzehn Augenblicke des Frühlings" über einen russischen Spion im Reichssicherheitshauptamt. Der Film war in aller Munde und zeigte, wie diszipliniert und organisiert die Deutschen im Dritten Reich waren. Die spannende Darstellung hatte bestimmte Klischees und Vorurteile so gefestigt, dass ich es sogar als kleines Kind zu spüren bekam. Man konnte nicht verbergen, dass die Hälfte meiner Familie deutsch war. Meine Oma war sehr kommunikativ, sprach aber nur gebrochenes Russisch und machte aus ihrer Familienherkunft kein Geheimnis. Mit meinem russischen Nachnamen stand ich zuerst nicht im Verdacht, ein ausländischer Agent zu sein, bis ein Pfützendetektor alles änderte.

Wenn es regnete, bildete sich im Hof unseres Plattenbaus eine große Pfütze. Einmal haben unsere Jungs Spaß gehabt, in dieser Pfütze zu spielen. Sie rannten und sprangen mitten in die Pfütze hinein, sodass das Wasser nach allen Seiten spritzte. Das bereitete ihnen riesige Freude. Ich kam gerade aus dem Haus und schaute, was im Hof los war. Eine Nachbarin aus dem zweiten Stock, die das ganze Treiben beobachtete, kommentierte laut: „Schaut mal, dieser da macht sich nicht schmutzig, sondern steht anständig und ordentlich an der Seite.

Man kann sofort erkennen, dass er ein Deutscher ist." Und sagte dabei noch ein Sprichwort, das man etwa so übersetzen kann: „Bär bleibt Bär, fährt man ihn auch übers Meer." Eine andere Frau fügte gleich hinzu: „Solche werden bestimmt schon bei der ersten Gelegenheit unser sowjetisches Land verlassen." Das Verlassen des sowjetischen Landes galt damals als schlimmer Verrat. In diesem Moment wollte ich mit aller Kraft in die Pfütze springen, um zu beweisen, dass ich kein Fremder und kein Verräter war. Die anderen Jungs aber waren schon aus der Pfütze weg, sodass es keinen Sinn mehr machte, allein in der Pfütze zu spielen. Da ging ich fast weinend nach Hause, um dort eine ernste Frage zu stellen: „Mama, sind wir anders?" Es brauchte nur wenig, um sich in seiner eigenen Umgebung fremd zu fühlen. Das sowjetische Land ist schon längst Geschichte, die Klischees und Vorurteile gibt es leider in jedem Land und zu jeder Zeit. Auch eine Pfütze kann reichen, um von einem Nachbarn als Fremder ertappt zu werden.

RUSSISCHE SEELE

Als meine Mutter sich ca. zehn Jahre vor meiner Geburt um einen Studienplatz bewarb, fuhr sie in eine große Industriestadt und begann nach einer Arbeit zu suchen. Sie ging von Betrieb zu Betrieb und fragte an, ob eine Schreibmaschinensekretärin gesucht würde. Am Kontrollpunkt eines Betriebes waren zwei Männer des Sicherheitsdienstes so miteinander in ein Gespräch verwickelt, dass meine Mutter sie gar nicht unterbrechen konnte und einfach hineinging. Da sie im Betriebshof keinen Ansprechpartner fand, ging sie wieder zurück. Diesmal wurde sie nach ihrem Passierschein gefragt. „Ich habe keinen", antwortete meine Mutter. Die Sicherheitsleute konnten nicht glauben, dass sie einfach so hatte bei ihnen vorbeigehen können. Meine Mutter ahnte dabei gar nicht, dass sie in einem Militärwerk gelandet war, das mit der Atomwaffenproduktion zu tun hatte. Nun wurde sie festgenommen und verhört. Als die Sicherheitsmitarbeiter ihren Personalausweis sahen, wurden sie plötzlich blass: Ida Graf, Deutsche. In einem sowjetischen Personalausweis war nämlich immer die Nationalität vermerkt. Es war ein Skandal, dass eine Deutsche fünfzehn Jahre nach dem Krieg ohne Erlaubnis in ein streng geheimes Militärwerk einfach so hineingehen konnte. Die Angst der Sicherheitsmänner um ihren Job hat schließlich meine Mutter gerettet. Sie musste schriftlich bescheinigen, dass sie keinem über diesen Fall berichten würde, und durfte gehen.

Das Leben der Sowjetbürger war voll von Geheimnissen. Der Staat hatte Geheimnisse nicht nur vor anderen Staaten, sondern auch vor den eigenen Bürgern. Die Bürger hatten Geheimnisse nicht nur vor dem Staat, sondern auch voreinander. In unserer Stadt gab es keinen Stadtplan und auch keine detaillierte Landkarte — alles war ein Geheimnis. Eigentlich wussten sogar die Kinder über alle Geheimnisse Bescheid. Die Erwachsenen erzählten, welche Geheimproduktion in welchem Werk stattfand. Aber pst!, das durfte man nicht weitererzählen. So wuchsen sogar wir Kinder inmitten von strengen Geheimnissen auf. Aber das größte Geheimnis Russlands war und bleibt nicht seine Militärmacht, sondern die russische Seele. Meine Oma wünschte mir einmal, einen deutschen Kopf und ein russisches Herz zu haben. Da war ich selbstverständlich neugierig, was das bedeuten solle, und begann die Herzen und die Seelen, der Menschen aus unserer Umgebung zu erforschen.

Besonders an den Winterabenden, wenn es draußen kalt und dunkel wurde und im Fernsehen nichts Spannendes lief, kamen Nachbarn zu Gast. Man konnte ohne besondere Einladung oder Verabredung an die Tür klopfen und so einen Nachbarschaftsbesuch abstatten. Alexandra Wassiljewna — eine alte Babuschka aus der fünften Etage — kam häufig meine Oma besuchen. Sie wurde in der Nachbarschaft einfach mit ihrem Vatersnamen Wassiljewna angesprochen. Da sie noch vor der Oktoberrevolution geboren war, konnte sie einiges über das Dorfleben in der Zarenzeit berichten. Manchmal brachte sie sogar ein Spinnrad mit, und während sie spann oder zusammen mit meiner Oma Socken strickte, begann sie zu erzählen oder mal russische Volkslieder zu singen. Die Erzählungen aus ihrem Leben waren für mich wie Märchenabende, bei denen ich einiges über russische Volksbräuche und sogar über die russische Seele lernen konnte.

Als Wassiljewna noch ganz jung war, versuchte sie zusammen mit anderen gleichaltrigen Mädchen, ihren künftigen Gefährten durch Wahrsagerei herauszufinden. Die beste Zeit dafür — sagte sie — ist der Heilige Abend, die Zeit, bevor Christus in die Welt kommt. Sie war sicher, dass Kerzen, Wasser, Spiegel und sogar Fellstiefel helfen können, den Namen des Bräutigams, die Anzahl der Kinder und die Gesinnung der Schwiegereltern herauszufinden. Nach ihrer Hochzeit spielte sie mit Wahrsagerei nicht mehr, denn solche Spiele seien sehr gefährlich. Wenn man böse Geister ins Haus holt, kann man diese nur schwer wieder loswerden. Beispiele davon hatte sie genug.

Wassiljewna erzählte auch, wie die Kommunisten nach der Revolution ihre Dorfkirche schlossen und die Ikonen sowie die Gebetbücher verbrannten. Aus Angst hatte auch Wassiljewna ihre kleine Ikone von der Wand genommen und mit einem Tuch umwickelt auf dem Speicher in der hintersten Ecke deponiert. Mehrere Tage danach spürte sie, dass in ihrem Haus jemand anwesend war. Einmal sah sie nachts in der Ecke, wo immer die Ikone gehangen hatte, eine in weiß gekleidete Dame sitzen. Wassiljewna fragte die Dame, was sie wolle, und bekam zur Antwort: „Ich möchte nur wissen, warum du mich auf dem Speicher versteckt hast und warum du nicht mehr möchtest, dass ich bei dir bleibe." Am nächsten Morgen brachte Wassiljewna ihre Ikone zurück ins Zimmer und hat sich davon nie mehr getrennt. Als sie starb, wurde ihr diese Ikone sogar mit ins Grab gelegt.

Ich konnte feststellen, dass die russische Seele eine mystische Seele ist. Damit aber ist diese Seele immer noch nicht beschrieben. Man versucht sie über die Werke von Puschkin, Dostojewski oder Tolstoi kennenzulernen. Der bekannte russische Schriftsteller Iwan Turgenjew schrieb, dass ein richtiger Russe das Herz eines Kindes habe. Viele sagen, dass die russische Seele eine melancholische, sinnsuchende, unberechenbare und mitfühlende Seele ist. Wenn man sie zu erforschen versucht, versteht man, dass sie ein Geheimnis birgt. So wie das streng geheime Werk aus dieser Geschichte. Keine Strategie kann helfen, hineinzukommen. Man kommt eher zufällig hinein und dann lässt man sich überraschen, was es da alles zu entdecken gibt.

DIE BLAUEN FLECKEN

Wenn abends spät die ganze Familie schon ins Bett gegangen und das Licht gelöscht war, begann meine Oma ihre heimliche Mission. Sie hatte ein Fläschchen Weihwasser in der Hand und ging damit durch die ganze Wohnung, um uns alle zu segnen und unsere Nachtruhe unter Gottes Schutz zu stellen. Sogar mein Vater, der vom katholischen Glauben nicht besonders begeistert war, hat so getan, als ob er dies gar nicht bemerkte. Ich dagegen bin manchmal etwas länger wach geblieben, um den Segen zu bekommen.

Das Weihwasser stammte dabei aus unserer eigenen Produktion. Es gab bei uns damals weder einen Priester noch eine Kirche. Wo bekam man dann das Weihwasser her? An allen kirchlichen Feiertagen legte meine Oma einen kleinen Stoffteppich auf den Tisch, holte ihre alten farbigen Heiligenbildchen aus dem Gebetbuch und stellte sie an die Nähmaschine. So gestaltete sie ihren eigenen Altar. Am Ostertag und Tag der Taufe des Herrn stand auf diesem Altar immer auch eine Schüssel mit Wasser. Wenn ein Priester irgendwo auf der Welt das Wasser segnet, dann segnet er auch unser Wasser — davon war meine Oma fest überzeugt. Das Wasser von diesem Tag wurde in Fläschchen abgefüllt und ist das ganze Jahr über frisch geblieben. Wir waren ebenfalls davon überzeugt, dass irgendwo ein Priester auf der Welt auch für uns betet und jeden Sonntag uns einen Segen spendet. Wenn ich heute mal eine hl. Messe alleine feiere, bete ich und spende zum Schluss einen Segen auch für all die Menschen, denen es nicht möglich ist, in die Kirche zu gehen. Mag sein, dass es auch heute noch jemanden gibt, der wie meine Oma auf so einen Segen für sich oder für ihre Schüssel Weihwasser wartet.

Trotz oder dank aller Erfolge des wissenschaftlichen Atheismus waren viele Menschen bei uns abergläubisch. Wenn einem die schwarze Katze oder eine Frau mit einem leeren Eimer über den Weg läuft, wenn man etwas zuhause vergisst und kurz zurückgeht oder wenn Glas zerbricht — konnte man nichts Gutes erwarten. Ein Nachbarskind hatte eine teure Kristallschale zerbrochen. Seine Mutter lobte es dennoch, da es nicht vergessen hatte, in diesem Moment über die Glasscherben „Zum Glück" zu sagen.

Nun erfuhr eine Nachbarin, dass meine Oma unsere Familie jede Nacht mit dem Weihwasser segnete. Sie erbat sich von ihr ein kleines Fläschchen Weihwasser und beschloss, damit von nun an ihre Angehörigen vor bösen Geistern zu schützen. Es dauerte nicht lange, bis sie einmal im Dunkeln die Fläschchen vertauschte und statt Weihwasser blaue Tinte nahm. Morgens konnte sich diese Familie zuerst nicht erklären, warum auf der Bettwäsche, auf den Möbeln und auf den Wänden zahlreichen Tintenflecken zu sehen waren. Erst als die Täterin mit blauem Gesicht allen einen guten Morgen wünschte, wurde klar, woher die Flecken gekommen waren. Denn sie besprengte in dieser Nacht auch sich selbst und rieb die Tinte gleichmäßig über ihr Gesicht. Der Aberglaube ist also nicht nur nutzlos, er kann auch dunkle Flecken hinterlassen.

MEIN MOSKAU

Es gibt kleine und große Städte, es gibt alte und junge, schöne und weniger schöne. Es gibt auch Städte, die eine eigene Seele haben. Die Seele von Moskau konnte ich schon als kleines Kind entdecken und lieben lernen. Denn diese Stadt prägte nicht nur mein Leben, sondern sie gab ihm Salz und Pfeffer.

In den Ferien, wenn die Kinder normalerweise aus Moskau in die Provinz gebracht wurden, wurde ich aus der Provinz nach Moskau gefahren. Wir hatten dort viele Verwandte mütterlicher- und väterlicherseits. Die meiste Zeit verbrachte ich bei Tante Maria und zwei meiner Cousins. Diese Zeit war ein absolutes Kontrastprogramm zu unserem Leben im Ural. Beeindruckende Bauten, große breite Straßen und unzählige Menschen aus allen möglichen Ländern und Kulturen. Hier gab es das beste Eis des Landes und die beste Schokolade. Was für eine Freude war es für mich, als ich einmal zusammen mit dem weltbekannten Clown Oleg Popow in einer der besten Kindersendungen des Landes „Budilnik" aufgenommen wurde. Mich begeisterten zahlreiche Kirchen mit märchenhaften Zwiebeltürmen und auch die wie Kathedralen aussehenden U-Bahn-Stationen. In der Stadtmitte konnte man noch das Haus finden, wo unsere Vorfahren vor der Oktoberrevolution gewohnt hatten.

Die riesige Stadt brachte mir bei, über eigene Grenzen zu gehen sowie über die Vielfalt und die Freiheit nachzudenken.

Allein der Besuch der Tretjakow-Galerie wirkte wie ein Ausflug in eine andere Dimension. Unzählige große Gemälde zeigten eine mir unbekannte Realität und beflügelten meine Fantasie. Ich kann mich gut erinnern, wie ich zum ersten Mal die Dreifaltigkeitsikone von Andrei Rubljow entdeckte. Es ist schwer zu sagen, was genau mich als Knabe an dieser alten und auf den ersten Blick dunklen Abbildung von drei Engeln ansprach, aber ich blieb vor der Ikone stehen und betete sogar heimlich. Mein Wunsch war, dass auch die Erwachsenen irgendwann den Weg zu Gott fänden und dass das Beten für alle Menschen erlaubt würde. In der Zeit zwischen den Ferien las ich gerne Geschichten über Moskau und stellte mir historische Ereignisse bildlich vor.

Es war für mich selbstverständlich, zwei Heimatstädte zu haben, auch wenn es gewisse Schwierigkeiten mit sich brachte. Die Moskowiter machten sich gerne über die Provinzler lustig, über ihr Verhalten, ihre Kleidung und ihr Beschränktsein. Im Ural dagegen interessierte sich keiner dafür, was ich in Moskau gesehen oder erlebt hatte. „Spiel dich nicht auf", sagte mir unsere Lehrerin, als ich in der Grundschule einmal wagte, ihre Erzählung über Moskau zu ergänzen. Sie selbst wie auch fast alle meine damaligen Freunde sowie viele Erwachsene waren nie in Moskau gewesen und konnten sich das Leben in der Hauptstadt kaum vorstellen. Moskau brachte mir also nicht nur Begeisterung, sondern auch Schwierigkeiten und Zweifel. Dennoch war es sehr bereichernd, in einer Arbeiterstadt zwischen einfachen und oft armen Menschen und zugleich in einer großen Metropole zuhause zu sein. Aus jeder der zahlreichen Begegnungen und aus jeder Erfahrung konnte man viel lernen.

So gehört zu einer meiner ersten Erinnerungen an Moskau eine Szene am Springbrunnen. Ich war noch ein Dreikäsehoch, als meine Oma erzählte, dass ordentliche Kleidung und geputzte Schuhe viel über einen Menschen aussagen. Als ich nun einen Mann mit ausgebeulten Hosen und ausgetretenen Schuhen sah, fühlte ich mich verpflichtet, ihn aufzuklären. Ich ging ihm entgegen und fragte, ob er nicht wüsste, dass gute Menschen saubere Hosen und saubere Schuhe tragen würden. Dabei spuckte ich ihm vor die Füße. Meinen Eltern war diese Situation selbstverständlich peinlich und sie begannen, sich für mich zu entschuldigen. Der Unbekannte ging weiter und ich merkte, dass mein gut gemeinter Einsatz daneben gewesen war. Ein paar Minuten später stand dieser Mann wieder vor mir. Er lächelte mich an und gab mir das so ersehnte Eis am Stiel. So brachte mich Moskau zum ersten Mal dazu, meine Weltwahrnehmung zu korrigieren: Ein Mensch ist viel mehr als sein Aussehen. Auch in der Hauptstadt.

DIE TOTENWACHE

Die ganze Straße wurde vermutlich von diesem Schrei wach. Es war Tante Ljuda — unsere Nachbarin aus der dritten Etage. Die befreundeten Erwachsenen wurden von uns Kindern oft als Tante oder Onkel angesprochen. Tante Ljuda hatte immer schon eine panische Angst vor Leichen und sie meinte, dass sie diese Nacht nie vergessen würde. Schon früh morgens saß sie bei uns in der Wohnung, und obwohl sie damals mit dem Christentum nichts zu tun hatte, bat sie meine Oma um ein Gebet. Dann begann sie, ihre Geschichte von Anfang an zu erzählen.

Als sie noch ein Kind war, nahm sie in ihrem Dorf an einer Totenwache teil. Es war schon Abend und die Dorfbewohner saßen vor einem aufgebahrten Sarg. Nach einer längeren Schweigepause begann jemand, unheimliche Geschichten über die Totengeister zu erzählen. Es wurde immer gruseliger und plötzlich geschah etwas, was eigentlich normal ist und doch nicht so oft passiert. Die Restgase, die in der Leiche noch vorhanden waren, strömten plötzlich durch den Mund aus, sodass der Tote tief und laut ausatmete. Erwachsene und Kinder — alle sprangen auf und liefen weg, nicht nur durch die Türen, sondern auch durch die Fenster. Seitdem hatte diese Tante Ljuda eine panische Angst vor Toten.

Das Mysterium des Todes war in unserem Leben trotz Materialismus und Atheismus gut festzustellen. In Moskau und in anderen großen Städten liefen die Beerdigungen etwas anders ab, aber bei uns war es nicht schwer zu erkennen, wie kommunistische Riten sich mit religiösen Bräuchen vermischten. Die Beerdigung fand entsprechend des orthodoxen Verständnisses am dritten Tag nach dem Tod statt. Alles andere war eine seltene Ausnahme. Bis zur Beerdigung war der offene Sarg immer in der Wohnung der Familie aufgebahrt, damit nicht nur Verwandte und Angehörige, sondern auch die Nachbarschaft und Kollegen sich von dem Toten verabschieden konnten. Solch eine unmittelbare Begegnung mit dem Tod brachte sogar Kommunisten und Atheisten zum Nachdenken, ob mit dem Sterben wohl alles zu Ende sei oder doch etwas über den Tod hinaus existiere. Trotz Befürchtungen, als rückschrittliche Christen bezeichnet zu werden, haben sich Erwachsene bei solchen Gelegenheiten flüsternd zahlreiche unerklärliche Ereignisse von ihrem Umgang mit dem Tod erzählt.

Am Tag der Beerdigung trafen sich Angehörige und alle Interessierten draußen auf der Straße. Einen Tag zuvor wurde vor der Eingangstür ein aus Metall geschweißtes Grabmal mit dem Namen und dem Foto des Verstorbenen aufgestellt. So konnte jeder wissen, dass in diesem Haus eine Beerdigung vorbereitet wurde. Ich weiß nicht, aus welchem Grund, aber es ging immer um 14 Uhr los. Der geöffnete Sarg wurde zuerst nach draußen und dann durch die Straßen getragen. Alle Menschen und alle Autos blieben stehen. Alte Babuschkas waren sicher: Falls jemand den Sarg mit dem Verstorbenen überholte, würde er selbst bald im Jenseits landen. Wir Kinder hatten Angst vor Toten und doch liefen wir oft den Beerdigungsprozessionen hinterher und wollten neugierig einen kurzen Blick auf die Leiche werfen. Denn die Verstorbenen verkörperten in sich ein Geheimnis — etwas, worüber öffentlich nicht gesprochen wurde und was jenseits aller unserer menschlichen Vorstellungen lag.

Die Beerdigungsprozession wurde mit einem schwarz dekorierten LKW, auf dem sich das Grabmal befand, angeführt. Aus diesem LKW warf man frische Tannenzapfen auf die Straße. Über diese Tannenzapfen wurde zuerst der Sargdeckel und dann der Sarg getragen. Im Falle eines nicht zu alten oder eines besonders verdienten Verstorbenen ging direkt hinter dem Sarg eine Blaskapelle. Dann folgten die Angehörigen und alle, die mitgehen wollten. Nach der Beisetzung auf dem Friedhof landeten die Beerdigungsgesellschaften unserer Stadt beim Totenschmaus in einem dafür spezialisierten Café, das seltsamerweise Café „Jugend" hieß. Die mit dem Aberglauben verschmolzenen Bräuche bestimmten, welche Getränke und Speisen auf jeden Fall serviert werden mussten. Für die einfachen Menschen war es wichtig, ein Gläschen Wodka für den Verstorbenen ans Grab oder auf den Tisch zu stellen. Man befürchtete sogar, dass der

Verstorbene selbst seinen Angehörigen im Traum erscheinen und sich über die schlecht organisierte Beerdigung beschweren würde. Eine Frau in einer Lebensmittelschlange erzählte, wie sie mehrmals im Traum ihren verstorbenen Gatten weinen und betteln sah. Sie fuhr 120 km bis zur nächsten Kirche, bestellte für ihn eine Messe und veranstaltete das Gedächtnisessen. Danach ließ der Verstorbene sie in Ruhe. Es war nämlich Brauch, außer dem Mahl nach der Beerdigung zum Gedächtnisessen am neunten und am vierzigsten Tag nach dem Tod einzuladen. Auch die ortsansässigen Kommunisten haben heimlich all diese Bräuche befolgt. Den einzigen Unterschied zwischen Kommunisten und Christen konnte man am Grabmal erkennen: In dem einen Fall war da der Stern und in dem anderen das Kreuz abgebildet.

Nun komme ich zum herzzerreißenden Schrei und zu unserer Nachbarin Tante Ljuda zurück. Sie wurde in der Nacht von der Miliz als Zeugin geladen, da sich ihr Nachbar aus der Wohnung gegenüber umgebracht hatte. Der Leichnam lag quer im Flur und versperrte den Eingang. Um weiterzukommen, musste Tante Ljuda also einen Schritt über die Leiche hinweg machen. Sie drehte sich vom Gesicht des Toten weg und begann diesen zu überschreiten. Der Milizionär merkte, dass Tante Ljuda unsicher war und versuchte, sie mit beiden Händen zu stützen, und zwar genau von der Seite, wo sich die Hände der Leiche befanden. Es ist eigentlich ein Wunder, dass bei dem Schrei, der dann folgte, nicht auch der Tote wieder wach wurde. Tante Ljuda wurde den Verdacht nicht mehr los, dass die Toten sie weiterhin verfolgten. Da es damals keine Gebetbücher gab, nahm sie ein Heft und begann von diesem Tag an, verschiedene Gebete für alle möglichen Anliegen per Hand aufzuschreiben. Böse Zungen sagten, dass es das einzig gute Erbe war, das der Tote hinterlassen hatte.

Eigentlich war ich ein tapferer Junge. Ich konnte ohne Angst allein in einem dunklen Zimmer bleiben und habe sogar Zahnärzte, Spritzen und schwarze Katzen nicht gefürchtet. Wen ich als Kind tatsächlich fürchtete — waren betrunkene Menschen. Man konnte öfter neben den Lebensmittelgeschäften, in den Parkanlagen und sogar auf den Straßenbänken betrunkene Männer rund um eine Flasche Wodka sehen. Eine Freizeitgestaltung ohne Alkohol war für viele Menschen in der Sowjetunion unvorstellbar. Wodka war überall präsent — im privaten Leben, auf der Arbeit und auch im Fernsehen. Viele Menschen versuchten, selbst Wodka zu produzieren, und starben dabei an einer Alkoholvergiftung. Rund um den Alkohol entstanden zahlreiche Rituale und Traditionen. Keinesfalls dürfe man Alkohol ohne Trinkspruch einnehmen, das volle Wodkagläschen nach dem Trinkspruch abstellen oder das Trinken auf die Gesundheit verweigern. Was Wodka angeht, habe ich mich noch im Kindergartenalter klar positioniert.

Wir lebten in einem fünfstöckigen Plattenbau, der aus vier Treppenhäusern und insgesamt siebzig Wohnungen bestand. In unserem Treppenhaus gab es zwanzig Wohnungen. Eine Nachbarsfamilie aus der Wohnung Nr. 5 feierte eine Hochzeit. Solche Feste fingen am Freitag an und dauerten bis Sonntag. Dazu gehörten zahlreiche Bräuche, Spiele und lustige Aufgaben. Ich war fünf Jahre alt, als ich einmal nach dem Spielen nach Hause ging und eine ziemlich berauschte Hochzeitsgesellschaft vor der Haustür traf. Ein betrunkener Mann versperrte die Tür und ließ nur diejenigen rein, die bereit waren, auf die Gesundheit des Brautpaars ein Gläschen Wodka zu trinken. Als er mich sah, kam er auf allen vieren und sagte: „Na, junger Mann, bald werden wir auch für dich eine Hochzeit feiern." Davor hatte ich noch nie einen Betrunkenen so nah gesehen und merkte, dass sein Verhalten absolut nicht normal war. Verunsichert begann ich so laut zu schreien, dass sich eine Menge Menschen um mich sammelte. Als ich mich etwas beruhigt hatte, wendete ich mich ihnen zu und verkündete: „Macht, was ihr wollt, ich spiele nicht mit. Und ich werde nie euren Wodka trinken und nie eine Hochzeit mit euch feiern!"

Es gab aber auch genug Menschen und Familien, für die Alkohol keine große Rolle spielte. Und doch haben die meisten zuhause etwas Wodka parat gehabt. Auch bei uns standen im Schrank ca. ein Dutzend Wodkaflaschen für eine Notsituation bereit. Wodka war damals die beste Notfallversicherung. Wenn zuhause etwas kaputtging, war es sehr schwer, einen Handwerker zu finden. Für 100 ml Wodka haben Nachbarn bei kleinen Reparaturen geholfen, für eine etwas kompliziertere Reparatur musste man die ganze Flasche einsetzen. Da, wo es keine staatlichen Servicedienste gab und da, wo man mit Geld nicht weiterkommen konnte, wurde mit flüssiger Währung bezahlt.

BLEIBEND VERSIEGELT

Man kann nur einmal im Leben getauft werden — das wissen alle, die sich zumindest
etwas mit der Kirche beschäftigt haben. Ohne Absicht wurde ich nicht nur zweimal getauft, sondern bekam auch zweimal die Erstkommunion
und empfing zweimal die Firmung. Am Tag meiner ersten Taufe war ich sieben Tage jung und
kann mich an dieses so wichtige Ereignis gar
nicht erinnern. Vielleicht lag es daran, dass ich
mich in diesem Alter zu viel um mein leibliches
Wohl kümmerte und zu wenig über die Kirche
nachdachte. Da der nächste katholische Priester
erst in einer Entfernung von ca. 2000 km zu finden war, taufte mich meine Großmutter selbst.
In vielen katholischen Familien war dies damals
die einzige Möglichkeit, Kinder zu taufen. Nicht
nur die katholische, sondern auch die orthodoxe
Kirche war in unserer Gegend nicht zu finden.
Die russisch-orthodoxe Kirche betrat ich zum ersten Mal, als ich sechs Jahre alt war, die römisch-
katholische — erst mit zwanzig.

Drei Monate vor der Einschulung fuhr meine Mutter mit mir in einen Kurort in der Westukraine.
Einmal entdeckten wir da ein orthodoxes Kirchen-
gebäude und gingen hinein. Darin befand sich eine
ganz andere Welt, eine andere Dimension, die wir
noch nie gesehen und noch nie erfahren hatten. Es

war relativ dunkel, es machte aber keine Angst. Überall brannten Kerzen. Zahlreiche Menschen schauten mich von der Decke und von den Wänden an. Dass das Jesus und die Heiligen waren, erfuhr ich erst später. Ihre Gesichter sahen ganz anders aus als die Gesichter, die ich normalerweise auf sowjetischen Plakaten sah — sie strahlten Liebe und Freude aus. Ihre Körper waren beinahe durchsichtig und schwebten. Weihrauch und die Gesänge rundeten diesen Eindruck ab. „Lass uns immer hierbleiben, wir können hierher unsere Betten bringen", flüsterte ich meiner Mutter zu. Ob meine Ersteindrücke von der Kirche ähnlich gewesen wären, hätte ich statt Ikonen moderne Kirchenkunst oder Bilder von Sieger Köder gesehen? Für meinen Gottesbezug spielt das Äußere heute keine entscheidende Rolle.

Unseren ganzen Urlaub lang gingen wir täglich in die Kirche. Die Gottesdienste waren für mich in diesen Tagen sogar faszinierender als das Kinderkarussell oder der Tiergarten. Mit der Zeit fanden sich zwei Frauen, die über mich mit dem einheimischen Popen sprachen. Der Pope war in der Frage der „Oma-Taufe" sehr unsicher und schlug vor, mich nochmals zu taufen. Die beiden fremden Frauen wurden zu meinen Taufpatinnen. Auch wenn sie sehr gläubig waren, warnten sie uns heimlich, vorsichtig mit dem Popen umzugehen. Man weiß nicht, wer er tatsächlich ist ... Einige Popen haben damals für Geheimdienste gearbeitet. An meine zweite Taufe kann ich mich sehr gut erinnern. Genauso wie an meine beiden Erstkommunionfeiern und die beiden Firmungen. Wir wussten einfach nicht, dass die Erstkommunion und die Firmung in den Ostkirchen zugleich mit der Taufe gespendet werden, deswegen habe ich beide später als Erwachsener auch in der katholischen Kirche empfangen. Diese Sakramente doppelt zu empfangen, hatte theologisch gesehen keinen Sinn. Für mich sind sie nicht nur schöne Erfahrungen, sondern etwas, was meinem Leben einen festen Boden gibt und meine Verbindung zu Gott dauerhaft besiegelt.

DIE GESUNDE ERNÄHRUNG

Es gibt heute viele Menschen, die auf eine gesunde Ernährung achten und diese überzeugend zu vermitteln suchen. Die Grundregeln der gesunden Ernährung laut aktueller Magazine und Diskussionen sind einfach: wenig Fleisch, wenig Fett, Gemüse und Obst nur saisonal und vorwiegend regional, auf exotische Früchte soll am liebsten verzichtet werden. Wenn ich aus dieser Perspektive auf das Leben in der Sowjetunion schaue, entdecke ich, mit wie viel Sorge um die Gesundheit der Menschen der sowjetische Staat handelte. Denn alle hier genannten Regeln sind bei uns damals eine alltägliche, wenn auch ungewollte Selbstverständlichkeit gewesen.

Während es in Moskau noch eine größere Auswahl an Lebensmitteln gab, war die Lage in der Provinz und besonders im Ural ganz anders. Jeder versuchte, sein eigenes Überleben selbst zu sichern. Fast alle Familien hatten einen kleinen Schrebergarten, wo nicht nur Äpfel, Kirschen und Johannisbeeren, sondern auch Kartoffeln und vieles andere Gemüse angepflanzt wurden. Diese Gärten spielten für die Gesundheit der sowjetischen Bürger eine große Rolle und sorgten dafür, dass sie sich von Mai bis September ausreichend bewegten, eine Freizeitbeschäftigung hatten und dadurch weniger Alkohol konsumierten. Zur Erntezeit wurden in jedem

Haus Marmeladen gekocht sowie Gurken und Tomaten eingelegt und Sauerkraut hergestellt. Viele von unseren Nachbarn und Bekannten haben
jährlich große Vorräte in rund hundert Dreiliter-
Einmachgläsern zubereitet. Eine andere Heraus-
forderung war, dies alles aufzubewahren. Meine
Familie hat Gemüse und selbst gemachte Konser-
ven in einer Garage untergebracht, die wir extra zu
Aufbewahrungszwecken bauen ließen.

Fleisch war in den Lebensmittelgeschäften nur selten zu finden. Ein bekannter Witz beschreibt, wie
ein Mann ins Lebensmittelgeschäft kommt: „Haben Sie keinen Fisch?" Die Verkäuferin antwortet:
„Nein, kein Fisch gibt's die Straße gegenüber. Bei
uns gibt's nur kein Fleisch." In den 1980er-Jahren
wurden Lebensmittelmarken eingeführt. Um das
Prestige der Sowjetunion zu schönen und die Kritik
aus dem Westen wegen des Lebensmittelmangels
zu vermeiden, hießen diese Marken „Bestellungs-
talon". Die Lebensmittel wurden nach diesem
Konzept von den Konsumenten „vorbestellt" und
entsprechend abgeholt. Jeder bekam zwei solcher
Bestellungstalons pro Monat, je für 300 Gramm
Fleisch oder Wurst und noch ein Talon für 200
Gramm Butter. Hühner konnte man dabei manchmal ohne „Vorbestellung" kaufen. Sie waren dank
schlechter Arbeit der Chemieindustrie ganz natürlich gezüchtet und sahen normalerweise so aus, als
ob sie von der Hühnerfabrik bis zum Lebensmittelgeschäft eigenständig zu Fuß gelaufen wären.
Das Fleisch und viele andere Lebensmittel waren

grundsätzlich mager und meistens auch trocken. Dies alles half uns einerseits, nicht zu viel zu essen, andererseits aber auch, keine Lebensmittel wegzuwerfen. Was immer hervorragende Qualität hatte — war die Moskauer Schokolade. Die Schokoladenfabrik des deutschen Konditors Theodor Ferdinand von Einem wurde nach der Revolution in „Roter Oktober" umbenannt und produzierte weiterhin Süßigkeiten in deutscher Tradition. Aber auch diese Schokolade gab es in den Lebensmittelgeschäften selten zu kaufen.

Für den Staat war unsere Ernährung jedenfalls gesund, da die Lebenserwartung von 65 Jahren bei Männern und 74 Jahren bei Frauen eine entsprechende Entlastung für das Rentensystem bedeutete. Wenn der Staat für die Gesundheit seiner Bürger die volle Verantwortung übernimmt, müssen alle mitmachen, auch wenn die Einzelnen gar nicht genau wissen wollen, was für sie tatsächlich gut ist. So lernten wir gezwungenermaßen das, was heute modisch geworden ist — im Einklang mit der Natur zu leben und die Kostbarkeit der Lebensmittel zu schätzen.

LENIN SIEHT ALLES

Was für ein wunderbarer Mensch Wladimir Lenin ist, haben wir schon im Kindergarten gelernt. In der Schule gleich von der 1. Klasse an gab es kaum einen Tag, an dem nicht über Lenin gesprochen wurde. Sein Porträt in einem goldenen Rahmen wurde in jedem Klassenzimmer über der Tafel befestigt, sodass er uns immer mit seinem weisen und etwas schlauen Blick anschauen konnte. Sogar auf dem Spielplatz im Stadtpark befand sich eine Statue, auf der der kleine Wolodja, so wurde Lenin genannt, auf einem Sessel saß und die Kinder beobachtete.

Alle Schüler wurden befähigt, das Bild von Lenin auf ihrer Schuluniform zu tragen. Schon in der ersten Klasse wurden siebenjährige Kinder zu Oktoberkindern geweiht. Man bekam dazu einen roten Stern mit dem Bild vom kleinen Lenin in der Mitte. Mit zehn wurde man in die jungen Pioniere aufgenommen, die sich für das tägliche Tragen des roten Halstuchs und eines Pioniersterns verpflichteten. Auf diesem Stern waren der Kopf von Lenin und drei Flammenzungen abgebildet. Meine Assoziationen, dass dieser Stern den in der Hölle brennenden Leninkopf abbildete, habe ich mit keinem geteilt. Mit vierzehn Jahren konnten die Schüler ihre Reife durch die Mitgliedschaft im Kommunistischen Jugendverband — Komsomol-

beweisen. Der Kopf von Lenin wurde diesmal auf einer roten Fahne abgebildet. So sollte Lenins Bild, wie ein Brustkreuz, immer nah am Herzen getragen werden.

Sowjetische Schriftsteller haben über Lenin viele Erzählungen geschrieben, um uns Kindern zu helfen, zu richtig guten Menschen heranwachsen zu können. Als Kind hatte Wolodja z. B. eine Karaffe seiner Tante zerbrochen und konnte dies zuerst nicht zugeben. Zwei Monate lang war er schweigsam und nachdenklich und erzählte erst alles, als seine Mutter ihn im Kinderbett weinend fand. Er war ein sehr ehrlicher Mensch und hat außer in diesem einen Fall nie gelogen. Das Beispiel von Lenin sollte uns Kinder auch beim Lernen unterstützen, da Lenin nicht nur über enorme Intelligenz verfügte, sondern dabei auch gut seinen Arbeitstag planen konnte. Diszipliniert machte er während des Lernens verschiedene Sportübungen und Klimmzüge. Außerdem war Lenin nicht nur ein kluger Denker, er konnte selbstverständlich gut Fahrrad fahren und hervorragend schwimmen. Dass er ein gutes Herz hatte, erfuhren wir aus der Geschichte, als er beim Jagen nicht auf den schönen Fuchs schoss oder einem Arbeiterkind ein Spielzeug kaufte. Wir haben gelernt, wie er einen Gendarmen überlistete, wie er einen ihm geschenkten Fisch den armen Kindern spendete oder später als Regierungschef in einem Friseursalon ganz normal in einer Schlange wartete.

Nach solchen Geschichten zweifelte keiner mehr daran, dass Lenin die größte moralische Autorität und der menschlichste aller Menschen war. Jedes Kind sollte sich bemühen, ihm ähnlich zu werden. Auch wenn Lenin gestorben war, so blieb er doch für die Ewigkeit den sowjetischen Menschen präsent und den Kindern besonders nah. Wenn unsere Grundschullehrerin während des Unterrichts das Klassenzimmer einmal verlassen musste, zeigte sie mit dem Finger auf Lenin und sagte: „Ich bin kurz weg, aber Lenin sieht alles!"

DIE ANDERE ÖKUMENE

Offiziell gehörten die meisten Menschen in der Sowjetunion keiner Religion an oder sie waren überzeugte Atheisten. Inoffiziell ist es bekannt gewesen, wer Christ, wer Muslim und wer Jude war. Fachausdrücke wie „Interreligiöser Dialog" oder „Ökumene" haben wir nie gehört, wir haben diese aber gelebt. Es gab keine ökumenischen Projekte und Initiativen, es gab keine entsprechenden Programme und Bemühungen — es gab aber einen unausgesprochenen Wunsch: einander im Glauben zu unterstützen. Wenn jemand verstarb, trafen sich bei den Angehörigen alle, die Gebete kannten und die beten konnten. Es wurden keine Sonderabsprachen getroffen, alle begegneten einander mit einem selbstverständlichen Respekt.

Was tatsächlich ein interreligiöser Dialog ist, habe ich von meiner Oma gelernt. Sie war eine überzeugte Katholikin und doch sah sie in jedem Menschen, der Gott suchte, einen Verbündeten. Mit ihrer einfachen Diplomatie schaffte sie es, mit orthodoxen Christen und Muslimen aus unserer Nachbarschaft eine Vereinbarung zu treffen. Die religiösen Feste wurden gegenseitig respektiert, an diesen Tagen wurde weder gewaschen noch wurden gröbere Arbeiten durchgeführt. Als ich zum ersten Mal im Fernsehen Muslime beten sah, war ich noch ein Grundschulkind. Ihre zahlreichen

Verneigungen fand ich lustig und begann diese nachzuahmen. Eine Nebenbemerkung meiner Oma habe ich bis jetzt nicht vergessen: „Mach dich nicht lustig! Denk daran, dass diese Menschen sich dabei an Gott wenden." So habe ich begriffen, dass Kommunikation mit Gott in verschiedenen Sprachen und Formen geschehen kann.

Es war für uns eine besondere Freude, wenn wir unsere evangelischen Bekannten zu Besuch hatten. Es gab bei uns in der Gegend nur drei deutsche Familien — zwei evangelische und unsere katholische. Da wir die größere Wohnung hatten, trafen sich an wichtigen Festen alle bei uns zu einem Gebet. An diesen Tagen wurde viel Deutsch gesprochen und es wurden deutsche Kirchenlieder gesungen. Manchmal entwickelten sich die Gespräche zwischen unseren Gästen und meiner Oma zu heftigen theologischen Diskussionen. Dann gingen beide Seiten auseinander, aber bei der nächstmöglichen Gelegenheit trafen sich alle bei uns wieder. Das gemeinsame Gebet war doch viel wichtiger als jede Auseinandersetzung. Ich selber konnte keine Unterschiede zwischen Katholiken und Protestanten erkennen, außer wahrscheinlich einem einzigen. Als eine unserer lutherischen Bekannten zum ersten Mal bei uns war, hat sie sich mir als Tante Agata vorgestellt. Am Mittagstisch begann ich etwas zu erzählen. Plötzlich schlug Tante Agata kräftig mit der Faust auf den Tisch und schrie: „Beim Essen bin ich stumm und taub!" Ich habe mich damals ziemlich erschrocken, mir wurde aber erklärt,

dass die Lutheraner besonders streng und enthalt-
sam sind. Da bei uns zuhause vieles beim Essen
besprochen wurde, fand ich diese Regel zuerst gar
nicht gut. Nur weil Tante Agata sonst sehr kommunikativ war, habe ich ihre Besonderheit akzep-
tiert. Eine Zeit lang dachte ich sogar, dass genau
darin der Hauptunterschied zwischen Katholiken
und Protestanten besteht, dass wir beim Essen reden und sie dabei schweigen und nur an Gott denken. Für weitere Erkenntnisse braucht man zuerst
eine andere Reife.

WIE ICH ZUM MANN WURDE

In dieser Nacht besuchte mich mein Vater, der schon seit Monaten im Krankenhaus war. Ich bat ihn, bei mir zu bleiben, er musste leider gehen. Als er die Tür hinter sich schloss, wachte ich auf. Es war dunkel und ich hatte Angst. Das ist einer der wenigen Träume, an die ich mich erinnern kann. Um fünf Uhr nachmittags brachte der Postbote ein Telegramm aus Moskau: Mein Vater war im Krankenhaus in dieser Nacht, am 3. März um 3:00 Uhr, verstorben. Ich lief von einem Zimmer in das andere und schluchzte. Aus organisatorischen Gründen wurde ich zur Beerdigung nach Moskau nicht mitgenommen. Trotz einer höheren Position meines Onkels und einer gewissen Distanz zur Kirche fand eine kirchliche Beisetzung statt.

Als die Beerdigung vorbei war, habe ich verstanden, dass ich jetzt nicht nur ein Kind, sondern auch der einzige Mann in der Familie war und mit meinen schon siebeneinhalb Jahren eine Verantwortung für meine Mutter und meine Großmutter zu übernehmen hatte. Dies habe ich anderen Kindern aus meiner Nachbarschaft mitgeteilt. Edik, der vier Jahre älter war als ich, meinte, dass Mannwerden ein besonderer Moment sei. Man bekäme es im ganzen Körper zu spüren und würde es nie vergessen. Dass man dazu eine Frau braucht, hat er damals nicht erwähnt. Einige Monate später habe ich mich entschlossen, meine männlichen Aufgaben im Haushalt ernst zu nehmen. Ich begann, die losen Steckdosen in der Wohnung wiederherzurichten. Als ich mit dem Schraubenzieher diese Reparaturarbeiten durchführte, sah ich ein Feuerwerk. Ich flog ein paar Meter zurück und meine Hand wurde schwarz. Als ich wieder zu mir kam, wischte ich den Ruß von der Hand ab und ging zu Edik: „Es war alles genauso, wie du gesagt hast, ich bin heute ein Mann geworden."

Bei einem Versuch, das Badezimmer zu streichen, kleckerte ich mir so viel Farbe auf den Kopf, dass man mir die Haare glattrasieren musste. Es war peinlich, doch durfte ich nicht lange traurig sein. So lebten wir weiter. Meine alleinerziehende Mutter bekam vom Staat für meine Erziehung 40 Rubel monatlich, dazu durfte ich in der Schulkantine pro Tag ein Glas Milch kostenlos trinken.

In dieser Zeit habe ich auch beten gelernt und nie kam ich auf die Idee, Gott für unsere Lage verantwortlich zu machen. Umgekehrt hatte ich Mitleid mit Gott, da er sich um uns in dieser Situation noch mehr Sorgen machen musste. Er hat im Endeffekt trotz der ganzen Abenteuer und der von mir initiierten Gefahren alles super gemeistert. Ich durfte helfen und konnte für mich immer eine neue spannende Aufgabe finden. Dass das Mannwerden kein besonderes Ereignis, sondern ein Prozess ist, versteht man erst, wenn man erwachsen geworden ist.

DIE GRÜNE PATROUILLE

Meinen ersten Beitrag für den Naturschutz leistete ich noch in der Grundschule. Für 5 Kopeken bekam ich eine Beitragsmarke sowie einen Ausweis als Mitglied der Gesellschaft des Naturschutzes und habe bis zum Schulabschluss regelmäßig meinen Mitgliedsbeitrag bezahlt. Unsere Lehrerin hatte uns erzählt, wie wichtig es ist, dass jeder nicht nur selbst die Natur schützt, sondern auch aktiv Position bezieht und die anderen auf die Umweltprobleme hinweist. Regelmäßig haben wir in der Schule entsprechende Zeitungsberichte besprochen und sogar einmal einen Kinderspielfilm über junge Naturschützer gesehen. In diesem Film hatten Schulkinder eine „Grüne Patrouille" gebildet und aus eigener Initiative den Erwachsenen gezeigt, wie man seine Umwelt schützen könne.

Die Kommunistische Partei (eine andere gab es damals nicht) hat die Kinderaktivitäten im Naturschutz sehr unterstützt. Es ist gut, wenn Kinder und Jugendliche nicht über grundsätzliche politische und wirtschaftliche Fragen nachdenken, sondern sich mit Pflanzen und Schmetterlingen beschäftigen. So wurde die „Grüne Patrouille" im ganzen Land gelobt. Es war selbstverständlich, dass auch wir Kinder etwas für die Zukunft unseres Planeten tun wollten. Zusammen mit Aljoscha — einem

Jungen aus meiner Nachbarschaft — habe ich mich daraufhin entschieden, unsere eigene „Grüne Patrouille" zu starten. Nachdem meine Oma uns neunjährigen Jungs zwei grüne Armbinden genäht hatte, zogen wir unverzüglich los, um durch unsere Stadt zu patrouillieren und jeden Umweltzerstörer heroisch zu stoppen. Nach einer guten Stunde waren wir schon müde, hatten aber immer noch nichts Passendes für unsere Heldentat gefunden. Dann bemerkte mein Naturschutzkamerad einen Hund, der auf einem Blumenbeet lag. „Der Hund zerstört die Blumen, die für unsere Natur und besonders für die Bienen wichtig sind. Wir müssen den Hund verhaften und der Miliz übergeben", meinte Aljoscha. Wir fanden eine Wäscheleine und nahmen den Hund mit. Einige Minuten später meinte ein alter Mann auf der Straße, dass es sein Hund sei, und bat uns, ihm diesen Hund zurückzugeben. „Der Hund ist verhaftet und wird der Miliz übergeben", sagte Aljoscha. Der alte Mann war so sehr von unserem Eifer für den Naturschutz angetan, dass er anbot, uns eine Strafe für den Hund zu zahlen. Wir bekamen für den Hund wertvolle 50 Kopeken. Ich schlug vor, dieses Geld zur Miliz zu bringen, Aljoscha war aber der Meinung, dass wir mit dem Geld etwas Gutes tun müssten. Er konnte mich davon überzeugen, das Geld fürs Kino auszugeben. Am Ende des Tages waren wir glücklich — der Naturschutz bringt nur Gewinn: für Blumen, für Bienen und sogar für die Naturschützer selbst.

WAS DAS KLIMA AUSMACHT

„**F**ür ein Kind gibt es nichts Besseres als im Winter eine Erkältung zu bekommen", sagte mir einmal ein Mädchen aus unserer Schule. Kranke in der Sowjetunion haben nicht nur eine menschliche Zuwendung bekommen, sondern zusätzlich auch eine Möglichkeit zur Kur oder Erholung. Ich habe mehrmals erlebt, wie Erwachsene versuchten, sich gegenseitig zu übertrumpfen, wer von ihnen mehr Krankheiten habe. Ein Kind, das eine Erkältung hatte, durfte nicht nur zuhause bleiben, sondern bekam eine Rund-um-die-Uhr-Versorgung. Eine Erkältung heilte man normalerweise mit zahlreichen Naturheilmitteln wie Kräutertee oder Lindenblütenhonig. Als besonders effektiv gegen das Fieber galt die selbst gemachte Himbeerkonfitüre, die extra für die Kranken aufbewahrt wurde. Ein erkältetes Kind bekam zahlreiche Besuche von Freunden und Bekannten, die dabei damals seltenes Obst oder Süßigkeiten mitbrachten.

Noch besser als eine Erkältung waren für uns Kinder extreme Frosttemperaturen. Wenn das Thermometer unter minus 30 Grad zeigte, gab es schulfrei. Es war damals nicht möglich, zuhause die Heizung selbst zu regulieren. Die Menschen sollten wissen, dass der Staat für sie sorgt. Die Zentralheizung hieß auch so, weil sie zentral geschaltet wurde. Je kälter es draußen war, desto wärmer war es aber drinnen. Der Winter verzierte die Fenster mit bezaubernden Eisblumen nicht nur von außen. Bei extremer Kälte bildete sich eine Eisschicht sogar auf der Innenseite des Glases. Beim Schneesturm und Schneegestöber war es besonders faszinierend, das Eis mit dem Finger zum Schmelzen zu bringen und aus diesem selbst gemachten Guckloch das Naturspektakel zu beobachten. Man konnte sehen, wie die einzelnen Passanten in dicken Pelzmänteln auf ihrem Heimweg mit dem Schnee und dem Wind kämpften. Zuhause dagegen war es sehr warm und gemütlich. Man hatte Zeit, etwas über die spannenden Abenteuer irgendwo am anderen Ende der Welt zu lesen oder im Kinderfernsehen Märchen oder Zeichentrickfilme zu schauen. Einmal langweilte ich mich bei diesem Wetter dennoch zuhause und entschloss mich, in ein nahegelegenes Lebensmittelgeschäft zu laufen, um frisches Brot zu holen. Als die Verkäuferin mich sah, sprang sie hinter der Theke hervor und begann mit den Worten: „Sie ist dir abgefroren" meine Nase zu reiben. Mit dem extremen Frost macht man keine Witze.

Wenn es in den Winterferien nicht so kalt war, haben wir gerne Zeit im Hof oder auf der Straße verbracht — Schneefestungen gebaut oder die schon gebauten Schneeburgen erobert, wir sind von den selbst aufgehäuften Schneebergen Schlitten gefahren, haben Schneeballschlachten veranstaltet oder ohne Schlittschuhe Eishockey gespielt. Ski gefahren sind wir jede Woche während des schulischen

Sportunterrichts. Dank meiner Winterausrüstung wie Schaffellmantel, einer Schapka aus Bisamratte und sehr warmen Filzstiefeln bin ich öfter, trotz der Kälte, stundenlang draußen geblieben. Es gab so viel Schnee, dass ich einmal in der Dunkelheit so tief bis zum Kopf darin versunken bin, dass ich mich allein daraus nicht mehr befreien konnte. Zum Glück hörte ein Passant mein lautes Schreien und holte mich aus dieser Schneemasse heraus. Es war aber nicht schlimm, solche Geschichten konnte jeder von uns Jungs erzählen. Nach dem Spielen gingen wir öfter zusammen zu jemandem von uns nach Hause. Da war es gemütlich und warm, da wartete auf uns ein gutes Wort, dazu gab es heißen Tee mit Pfannkuchen und Konfitüre. Im Winter ist Wärme besonders nötig und besonders spürbar. Auch wenn jemand ein Monopol auf zwischenmenschliches Klima beansprucht, die Wärme des Herzens kann nicht wie Fernwärme verwaltet werden. Das haben wir Kinder sogar trotz des kalten politischen Klimas lernen können.

IMMER BEREIT

Wir haben gerne die Geburtstage gefeiert. Sie gehörten zu den wenigen feierlichen Anlässen, die einfach menschlich waren. Für den Staat und die Partei spielte es keine Rolle, ob und wie jemand seinen Geburtstag feierte. Es gab aber einen Geburtstag, den keiner der sowjetischen Menschen vergaß. Am 22. April feierte das ganze Land den Geburtstag von Waldimir Lenin. Zu diesem Anlass gab es an jeder Schule und in jedem Betrieb eine Festsitzung, auf der die Besten ihre Ehrenurkunde bekamen. An diesem besonderen Geburtstag wurde ich in der dritten Klasse zusammen mit allen Klassenkameraden in die jungen Pioniere aufgenommen.

„Ich bin so stolz auf euch, denn es ist eine große Ehre, Pionier zu heißen", sagte unsere Lehrerin Valentina Wassiljewna. „Nur wer ein junger Pionier ist, kann zu einem guten Menschen heranwachsen. Da ihr jetzt so groß geworden seid, könnt ihr als junge Pioniere helfen, das Leben der Menschen zu verbessern und zum Wohl der ganzen Welt beizutragen." Auf den Ruf „Zum Kampf für die Sache der Kommunistischen Partei seid bereit!" mussten wir „Immer bereit!" antworten. „Das soll heißen, dass ihr bereit sein sollt, das Gute zu tun", sagte die Lehrerin.

Die Perspektive, ein guter Mensch zu werden und anderen zu helfen, hat mich sehr angesprochen.

Trotz des Marschierens und zahlreicher beglei-
tender Rituale habe ich mich sehr gefreut, Pionier
zu sein. Zu meiner Freude wurde ich von unserer
Klasse in den Pionierrat der Schule gewählt. Ich
wartete ungeduldig auf die erste Versammlung
des Rates, um endlich einen Auftrag zu bekommen und meine Tätigkeit zum Wohl der Menschen
zu beginnen. Die Sitzung leitete die vom Staat
angestellte Oberpionierleiterin. Zu Beginn sagte sie, dass unsere erste Aufgabe sei, die Sitzung
zu protokollieren. Was Protokollieren bedeutete,
war mir mit zehn Jahren schwer verständlich. „Du
musst die wichtigsten Gedanken in ein speziell
dafür angelegtes Heft schreiben", erklärte die ge-
stresste Oberpionierleiterin. Nachzufragen traute
ich mich nicht. In den kommenden drei Sitzungen
haben wir nur über das Rapportieren und die Er-
stellung von Berichten für alle möglichen Gremien
gesprochen. „Etwas stimmt hier nicht", dachte ich
und meldete mich mit der Frage, wann wir endlich
beginnen, das Gute zu tun. Es war wieder schwer
zu begreifen, warum diese einfache Frage unsere
Oberpionierleiterin zornig machte. Sie forderte
mein Protokollheft zur Kontrolle und wurde noch
zorniger. Da ich in den bisherigen Berichten keine
wichtigen Gedanken gefunden hatte, begann ich,
in das Protokollheft meine eigenen Beobachtungen
aufzuschreiben. So konnte man in diesem Heft mit
genauer Zeitangabe nachlesen, dass Olga nach ge-
bratenem Öl roch, dass die Schuluniform von Ma-
rina löchrig war und dass die Oberpionierleiterin

gelbe Zähne hatte. Mein Eifer, das Gute zu tun, sowie das wahre Interesse an den Mitmenschen wurden zu meinem Unverständnis mit dem Rausschmiss aus dem Pionierrat honoriert. Trotz eines ersten erfolglosen Versuches, als junger Pionier das Gute zu tun, war ich immer für alle möglichen Aktionen zum Wohl der Menschen und sogar zum Wohl des ganzen Planeten bereit. Eifrig sammelte ich Altpapier und Altmetall, pflanzte Bäume und betreute die Grundschulkinder. Wozu ich nie mehr bereit war — die Protokolle zu schreiben.

DAS IRGENDWAS-PRINZIP

ls Schulkinder mussten wir uns ständig an verschiedenen Aktionen, Sportveranstaltungen, Projekttagen und Initiativen beteiligen. Diese Beteiligung war selbstverständlich freiwillig. In den Fällen, wo der Wille der Kinder doch zu schwach war, haben immer die Aktivisten oder unsere Klassenlehrerin nachgeholfen: „Warum bist du nicht mit allen anderen Kindern dabei gewesen, um unserer Heimat zu helfen?" Das Dümmste wäre gewesen, diese Frage argumentativ zu beantworten, denn auf jedes Argument folgte ein negatives Urteil. Vergessen, verschlafen oder verpassen war nicht so schlimm, wie über die Inhalte der Aktivitäten nachzudenken. Derjenige, der kein Aktivist ist — der ist einfach ein Egoist, er liebt seine Heimat nicht und will für unsere Zukunft und die Zukunft des gesamten Planeten nichts beitragen. Ich persönlich fand viele unserer Kinderaktionen interessant. Man konnte tatsächlich anderen Menschen helfen und sogar etwas für das Leben lernen.

Das Buch von Arkadi Gaidar „Timur und sein Trupp" war allen sowjetischen Kindern bekannt. Da ging es um den 14-jährigen Timur Garajew, der zusammen mit anderen Kindern eine heimliche Nachbarschaftshilfe für Soldatenangehörige leistete. So ist nicht nur in der UdSSR, sondern auch in vielen sozialistischen Ländern eine Aktion der

Timur-Hilfe entstanden. Wir Kinder klingelten an den Wohnungstüren und an den Häusern von Kriegsveteranen, ihren Witwen und anderen alten Menschen, um ihnen bei der Hausarbeit zu helfen. Auch wenn für einige Menschen unsere Hilfe eher lästig als unterstützend war, haben sie uns doch in ihre Wohnungen gelassen. Eine solche Begegnung ist mir nicht nur in Erinnerung geblieben, sondern hat sogar mein späteres Berufsleben und damit verbunden meinen Führungsstil beeinflusst.

Einmal halfen wir Kinder einer alten Babuschka, ihr Zimmer aufzuräumen. Da fand ich eine einzelne lose Tablette, die wahrscheinlich mal unter das Bett gefallen war und da eine Zeit lang im Staub gelegen hatte. Ich nahm diese und fragte: „Was soll ich mit dieser Tablette machen?" Die Babuschka riss mir diese Tablette sofort aus der Hand und schluckte sie. „Warum nehmen Sie diese Medizin, wenn sie nicht wissen, wofür sie gut ist?", fragte ich nachdenklich. „Für irgendwas wird sie schon gut sein", antwortete die Babuschka. Ich entschied mich damals, mir diese Geschichte gut zu merken. Nicht nur in der Sowjetunion, sondern überall auf der Welt, in der heutigen Politik, in der Wirtschaft und auch bei der Erneuerung der Kirche, wird öfter nach dem Prinzip dieser Babuschka gehandelt: Hauptsache eine Maßnahme ergreifen — für irgendwas wird sie schon gut sein.

PFEIFENDER ERMITTLER

Meine Mutter arbeitete als Hauptökonomin und Leiterin der Planungsabteilung, was im Rahmen der Planwirtschaft die drittwichtigste Position in ihrem städtischen Bauunternehmen bedeutete. Dass sie viele Überstunden machen musste, fand ich gar nicht so schlecht, denn ab 17 Uhr durfte ich zu ihr ins Büro kommen und mit ihrem Arithmometer spielen. Noch in der Grundschule habe ich viele Mitarbeiter und das Wachpersonal kennengelernt und hatte das Privileg, überall im Betriebshof herumzulaufen, mit Wachhunden zu spielen und sogar den Knopf für das Eingangstor zu betätigen. Mechaniker, Lkw-Fahrer oder Tischler, alle fanden für mich Zeit und zeigten mir ihre Maschinen und alle möglichen Werkzeuge. Der Arbeitsschutz beschränkte sich damals auf Warnplakate und so versuchte ich, mit allen möglichen Maschinen selbst zu arbeiten. Die Wächter waren meistens schon im Rentenalter und haben mir gerne beim Tee in der Wachstube etwas über ihr Leben, über den Krieg und auch über ihre Familienprobleme erzählt. Mit der Zeit wusste ich, wo sich im Lager welche Baustoffe befanden, wo die Schlüssel zu den Arbeitsräumen versteckt waren und sogar, wo einige Bauarbeiter nach Feierabend ihr Bier tranken.

Einmal kam ein Ermittler von der Kriminalmiliz zu uns nach Hause. Da in der vorhergehenden Nacht die Betriebstischlerei aufgebrochen und ausgeraubt worden war, stellte er mir ein paar Fragen und bat mich, ihm bei den Ermittlungen zu helfen. Jeder Junge konnte darauf besonders stolz sein, denn jeder wollte mal Detektiv werden. Das Gespräch mit dem Ermittler habe ich zweifellos als eine offizielle Beauftragung verstanden und so bereitete ich mich auf meinen Einsatz vor. Unter Verdacht standen zunächst die Mitarbeiter der Tischlerei selbst. Es war gang und gäbe, den eigenen Arbeitgeber zu bestehlen. Da nach der sowjetischen Philosophie alles dem Volk gehörte, fühlte das Volk sich auch berechtigt, sich an diesem Volkseigentum beliebig zu bedienen. Ich fand diese Vermutung daher nicht glaubhaft, denn es machte für die Mitarbeiter keinen Sinn, die Tischlerei aufzubrechen. Jeder konnte alles, was er wollte, durch das geöffnete Eingangstor mit nach Hause nehmen. Die Wächter meinten, dass es gut sei, dass sie für ihren kleinen Lohn überhaupt noch auf der Arbeit erscheinen würden, und hatten kein Interesse gehabt, irgendwas zu machen.

Nun bekam ich den Auftrag, das Gestohlene zu finden und eine unbekannte kriminelle Bande aufzuspüren. Um 17 Uhr bewaffnete ich mich mit einem Plastikrevolver, nahm eine Trillerpfeife, eine Leselupe und eine Taschenlampe mit und begann, im Betriebshof meine eigenen Ermittlungen durchzuführen. Über die Hintertür gelangte ich in die Tischlerei und nahm eine Lauerstellung ein. Ich musste gar nicht lange warten, bis ein Mann mit zwei Holzbalken auftauchte. Da sprang ich aus meinem Versteck hervor und begann mit ganzer Kraft in die Pfeife zu blasen. Die Balken fielen dem durch das Pfeifen erschrockenen Dieb auf die Füße und ich hörte lautes Fluchen. Es war jedoch kein Dieb, sondern der Tischler Andrej Pupej, den ich in der Dämmerung nicht erkannt hatte. Er war mir gar nicht böse, sondern lobte meinen Mut und schickte mich nach Hause. Ein paar Tage später wurden die echten Diebe aufgespürt. Das Gestohlene lag die ganze Zeit direkt neben der Wachstube. So zeigt mein bis jetzt einziger Kriminalfall, dass das Gesuchte nicht selten direkt vor der Nase zu finden ist.

ZAUBERTRICKS ENTLARVT

Anfang April fragte uns unsere Grundschullehrerin, was wir in den kommenden Tagen feiern. Da meldete sich sofort mein Banknachbar Vitja. Es wäre zu erwarten gewesen, dass er über den Tag der Kosmonautik sprechen würde, denn jedes Kind sollte wissen, dass am 12. April 1961 unser sowjetischer Bürger Juri Gagarin als Erster aller Menschen ins All flog. Vitja begann stattdessen über Ostern zu sprechen und verkündete feierlich: „Am kommenden Sonntag feiern wir das russische Volksfest Pascha." Unsere Lehrerin Valentina Wassiljewna war klein, beleibt, hatte ein rundes rotes Gesicht und eine Kartoffelnase. Als sie Vitjas Antwort hörte, wurde sie noch viel röter im Gesicht und begann zu schreien. So eine Wut hatte ich noch nie gesehen und wollte mich sogar unter dem Tisch verstecken. Sie meinte, es sei unmöglich, im 20. Jahrhundert überhaupt noch über Ostern zu sprechen. Nur dumme und ungebildete Menschen könnten so etwas sagen, denn sowjetische Schüler glaubten nicht an Gott, sondern an die Kraft des menschlichen Verstandes und an den wissenschaftlichen Fortschritt. Die ganze Unterrichtsstunde konnte Valentina Wassiljewna nicht zur Ruhe kommen. Jeder von uns lernte an diesem Beispiel für das ganze Leben, dass es Themen gab, die man öffentlich nie zu erwähnen hatte. Erst später habe ich verstanden, warum unsere Lehrerin, die wir eigentlich mochten, so heftig reagierte. Sie schrie aus Angst. Denn die Schulleitung oder die Schulinspekteure hätten denken können, dass sie uns solche Themen wie Ostern beibrächte. Alles, was mit Gott und dem Glauben zu tun hatte, war für uns zunächst tabuisiert.

In der vierten und fünften Klasse hatten wir zusätzlich zum Schulunterricht die Atheismus-Stunden. Einmal kamen ältere Schüler zu uns und haben uns Zaubertricks gezeigt, welche auch im Zirkus zu sehen waren. Mit solchen Zaubertricks würden Priester „Gotteswunder" inszenieren und naive Menschen betrügen. Durch die Bemühungen der jungen Atheisten durften wir diesen Betrug mit eigenen Augen sehen, um ihn uns erklären zu können. Auch lernten wir, dass Priester Verbrecher seien und die Religion den Kapitalisten zur Unterdrückung der Arbeiterklasse diene. Eine tiefere Auseinandersetzung mit Glaubensfragen war aus der Sicht des Staates nicht nötig. Der Ursprung des Lebens und ähnliche Fragen seien durch die festgelegten Dogmen des wissenschaftlichen Materialismus für immer geklärt. Wohin die Welt geht und was die Menschheit erwartet, wäre aus den Schriften von Karl Marx und Friedrich Engels zu erfahren. Auch den Sinn des Lebens bräuchte man nicht zu suchen, denn dieser Sinn könne ausschließlich — manchmal sogar lebensaufopfernd — nur im Aufbau des Kommunismus liegen. Es war gar nicht möglich, diese Postulate öffentlich zu hinterfragen. In einer vertrauten Umgebung wurde aber öfter über nicht erklärbare wissenschaftliche Phänomene gesprochen und bei Krankheiten auch heimlich gebetet. Wer den Sinn des Lebens nicht in kommunistischen Schriften entdecken konnte, der hat versucht, diesen im Alkohol oder sonstwo zu finden. Die leichtgläubige Gesellschaft brauchte Jahre, um zu erkennen, dass ihre Versuche, den Sinn und das Ziel des Lebens durch die vorgefertigten Weltanschauungen und Parteidogmen zu interpretieren, nur ideologische Zaubertricks waren.

OLYMPISCHE ZEICHEN

Der einzige Sommer, in dem wir unsere Reise nach Moskau verschieben mussten, war der Sommer 1980. Denn in diesem Sommer fanden in Moskau Olympische Spiele statt. Es wurde alles getan, um unnötige Kontakte der Sowjetmenschen zu Ausländern zu verhindern und auch um die Stadt besser zu kontrollieren. Alkoholiker, Obdachlose, Kriminelle und viele Verdächtige wurden zwangsmäßig umgesiedelt und durften nicht näher als 101 km von Moskau entfernt wohnen. An den Bahnhöfen der Hauptstadt wurden angeblich zum Wohl der Bürger die Ausweise kontrolliert und alle, die in Moskau keinen festen Wohnsitz hatten, mussten wieder umkehren. Während der Olympischen Spiele bin ich also nicht in Moskau gewesen und doch habe ich diese Spiele gut in Erinnerung. Wir alle waren stolz auf unser Land und auf unseren sowjetischen Sport. Im Sommerlager haben wir gleichzeitig mit den Gästen der Olympiade für die Sportler gejubelt, „Moskauer Abende" mitgesungen und gleichzeitig mit dem olympischen Bär unsere Glückstränen rausgelassen.

Nachdem alle Ausländer heimgefahren waren, durfte ich in Moskau zum ersten Mal im Leben Pepsi und Fanta probieren. Es war wahrscheinlich einmalig in der Geschichte, aber diese beiden Getränke der schärfsten Konkurrenten wurden in der gleichen Getränkefabrik in Moskau produziert. Pepsi-Cola fand ich zuerst gewöhnungsbedürftig, denn es erinnerte mich an irgendwelche Arzneimittel. Dagegen war ich von der eiskalten Fanta begeistert. Wir kannten nur Säfte und Naturlimonaden, aber keine künstlich hergestellten Getränke. Fanta war also viel apfelsiniger als die Apfelsinen selbst: „Es wäre toll, eine neue Apfelsinensorte zu züchten, die nach Fanta schmecken würde." Dank der Olympiade haben wir zum ersten Mal Salami, Dosenschinken und Instantsuppen probiert. Alle Bereiche des Lebens drehten sich damals also rund um die Olympiade.

Der sowjetische Staat machte alles, um die Kinder für den Sport zu begeistern. In meiner Heimatstadt gab es einen Sportpalast, eine Kinder- und Jugendsportschule, ein Stadion und zahlreiche Sportvereine. Fast alles konnte man umsonst nutzen. Als Auftakt zu den Olympischen Spielen wurde in den Schulen Morgengymnastik eingeführt. Zum Beginn der ersten Schulstunde waren wir verpflichtet, in der Sporthalle Morgenübungen zu machen. Später wurden diese in die Klassenräume verlegt. Unser Sportlehrer gab uns die Anweisungen über das Schulradio und wir versuchten, zwischen den Tischreihen irgendwelche Bewegungen zu imitieren. Was Pflicht ist, macht selten Spaß.

Spaß machte es unseren Jungs, nach der Schule ihre Sportvereine zu besuchen und abends auf der Hofwiese Fußball zu spielen. Nach einer Reihe von

bestimmten Ergebnissen in verschiedenen Sportar-
ten konnte man GTO-Normen belegen und dafür
ein Abzeichen in Bronze, Silber oder in Gold er-
halten. GTO war eine Abkürzung, die „Bereit für
Arbeit und Verteidigung" bedeutete. Einige unserer Mitschüler mussten für diese Abzeichen viel
trainieren. Andere bekamen die gleichen Abzeichen etwas später ohne jegliche Bemühungen, weil
die Schule ihre Quote für ausgezeichnete Sportler
erfüllen musste.

Eine ähnliche Erfahrung hatte ich mit meinem ersten Fahrrad, das ich im olympischen Sommer 1980
bekam. Auf diesem Fahrrad wurde zum Neid aller Jungs das Symbol der Olympiade angebracht.
„Das ist ein Zeichen der besonderen olympischen
Qualität, es wird alles zusammenhalten", sagte uns
damals der Verkäufer. Er wusste bestimmt, wovon
er sprach. Als sich ein halbes Jahr später dieses Zeichen ablöste, ging zugleich auch mein Fahrrad ka-
putt. Abzeichen, Urkunden und Ehrentitel spielten
nicht nur im öffentlichen Leben, sondern auch im
Sport eine große Rolle und hatten auf viele Menschen eine magische Wirkung.

Einmal durfte ich im Zug einen echten Sportmeister der Sowjetunion kennenlernen. So klang der
offizielle Ehrentitel für die besten Sportler des
Landes. Davor hatte ich solche angesehenen Persönlichkeiten nur in den TV-Nachrichten gesehen. Der Schlafwagen bestand aus neun Abteilen,
für jeweils vier Fahrgäste. Der Sportmeister der

Sowjetunion saß in unserem Abteil. Mit Freude berichtete ich der Wagenschaffnerin von diesem ungewöhnlichen Fahrgast. Sie wusste diese Information zu nutzen, als in einem anderen Abteil zwei betrunkene Männer eine Schlägerei begannen. Allein die Drohung der Schaffnerin, aus dem Nebenabteil einen Sportmeister zu holen, reichte aus, um diese Männer auseinanderzubringen. Wenn ein so starker Mann im Zug mitfährt, muss man sich um die Ordnung keine Sorgen machen. Danach kam die Schaffnerin zu uns: „Bei wem darf ich mich bedanken?" Ich hatte die Auseinandersetzung mitbekommen und wusste schon, worauf sie hinauswollte. „Bei ihm!", antwortete ich und zeigte auf einen kleinen und schmächtigen Mann mit Glatze, der mir gegenübersaß. „Bei Ihnen? Sind Sie der Sportmeister der Sowjetunion? Für was denn?", sie konnte es kaum glauben. „Ja, das bin ich", bestätigte der Mann, „ich bin der Sportmeister im Schach."

HEILIGER ABEND

I m sowjetischen Kalender gab es viele verschiedene Feiertage, aber kein Weihnachten. Einige Menschen wussten aber, dass die orthodoxe Kirche die Geburt Christi am 7. Januar feiert. Für das Leben einer gewöhnlichen Familie spielte dies keine Rolle. Die Tannenbäume, das Festessen im Familienkreis und die Geschenke gab es erst an Silvester. Vom katholischen Weihnachtsfest am 24. Dezember hatten die meisten Menschen keine Ahnung.

Der Advent war für uns mit keinen besonderen Traditionen verbunden, es war einfach eine dunkle und kalte Jahreszeit. Ich weiß nicht, wie es meine Mutter hinbekam, aber am Heiligen Abend haben wir immer einen Tannenbaum gehabt. Wenn der Tannenbaum aus dem frostigen Wald in eine warme Wohnung kommt, beginnt er den ganzen Raum mit besonderer weihnachtlicher Frische zu erfüllen. Jetzt konnte man auch das Wohnzimmer mit Lichtern und Luftschlangen dekorieren. Es gab damals keine Krippe, dafür wurden bei uns an einem besonderen Ort alte Weihnachtsbildchen aufgestellt. Oma bewahrte diese über das Jahr in ihren Gebetbüchern auf und erst am Heiligen Abend kamen sie wieder zum Vorschein.

Wenn alles vorbereitet war, warteten wir bis zum Anbruch der Nacht. Die einzige Kirche, die wir besuchen konnten, war eine kitschige Dorfkirche, die auf einem alten Kärtchen abgebildet war. Oma las Gebete auf Deutsch und Latein, dann wurden deutsche Weihnachtslieder gesungen. Ein besonderes Glück war es, einen westlichen Radiosender zu empfangen. Manchmal gelang es uns, über die Deutsche Welle oder Radio Vatikan „Stille Nacht" zu hören. Es war wie eine Stimme vom Himmel, ein Beweis, dass wir im Glauben nicht allein waren, sondern uns mit einer unsichtbaren Weltkirche verbanden. Da brachen meist alle in Glückstränen aus. Erst nach Mitternacht gingen wir an den Tisch. Für Weihnachten wurde das Beste, was es damals zu besorgen gab, vorbereitet. Fast immer gab es bei uns eine Sülze, einen Eiersalat, warmen Fleischkuchen, eingelegtes Gemüse und selbst gemachte Variationen von konserviertem Obst. Manchmal gab es dazu roten Kaviar oder sogar Schinken aus dem Westen.

In der Heiligen Nacht durfte ich lange wach bleiben. Besonders faszinierend war es für mich, durchs gefrorene Fenster in den Himmel zu schauen und zu versuchen, den Weihnachtsstern zu finden. Die Straßenlaternen leuchteten nicht mehr und in keinem anderen Fenster war Licht zu sehen. Bei uns aber brannten die Kerzen und blinkte die Lichterkette am Tannenbaum. Am nächsten Morgen musste ich in die Schule und konnte leider die Freude dieser Heiligen Nacht mit keinem meiner Schulkameraden teilen. Ich war aber überzeugt, dass an diesem Tag alle, auch die atheistischen Kinder, unter dem Schutz Gottes stünden. Es war irgendwie unausgesprochen klar, dass Gott die Menschen nicht verlässt, solange an Weihnachten mindestens in einem Fenster das Licht brennt und mindestens ein Mensch auf das Christkind wartet.

DER EINOHRHASE

Jedes Jahr im November bildeten die Eltern unserer Klasse ein Festkomitee. Die einzige Aufgabe dieses Gremiums war, die Neujahrsgeschenke für uns zu besorgen. Jedes Kind zahlte dafür einen Rubel ein. Die Eltern versuchten, für dieses Geld etwas Leckeres in den Geschäften zu finden, und fuhren sogar in andere Städte und Regionen, um dort Einkäufe zu machen. Dann zählten sie jede einzelne Süßigkeit und verteilten diese in Tüten. Viele Erwachsene erinnern sich heute noch daran, was in so einer Geschenktüte zu finden war: ein dunkelroter Apfel, eine Apfelsine, zwei Mandarinen und sechs bis acht köstliche Schokoladenpralinen und eine Menge einfacher Bonbons. Allein dieser Aufwand zeigt, welch hohen Stellenwert das Neujahrsfest im Lande hatte.

Eigentlich war Neujahr das einzige ideologiefreie Fest im sowjetischen Kalender. Nachdem religiöse Feste in der Sowjetunion verboten worden waren, merkten die Kommunisten, dass Weihnachten einen Ersatz brauchte. So entstanden rund um das Neujahrsfest zahlreiche Traditionen. Wir konnten es uns gar nicht vorstellen, dass diese „ureigenen" russischen Traditionen eine sowjetische Erfindung waren. Auch die Erwachsenen fühlten sich an diesem Familienfest wie in einem Märchen, in dem möglich war, eine einfache menschliche Freude mit mystischer Hoffnung auf das neue Glück zu verbinden.

Das schönste Ereignis des Jahres war für die Kinder sicherlich das Jolkafest. Jolka heißt übersetzt Tannenbaum. In jeder Schule und in jedem Betrieb wurde in der Mitte eines Aufenthaltsraumes ein geschmückter Tannenbaum aufgestellt. Kinder kamen zu diesem Fest verkleidet und nahmen an Spielen und Inszenierungen teil. Die bösen Kräfte versuchten, die Ankunft von Väterchen Frost und seiner Enkelin, dem Schneemädchen, zu verhindern. Das Gute siegte aber und Väterchen Frost schaffte es jedes Jahr aufs Neue, die von den Eltern vorbereiteten Geschenktüten mitzubringen. Alle Anwesenden sangen Neujahrslieder, fassten sich an den Händen, bildeten einen Kreis und tanzten im Reigen um den Tannenbaum. Das wichtigste Jolkafest des Landes fand im Tagungspalast des Moskauer Kreml statt. Für die Kinder gab es eine großartige Bühnenshow und erlesene süße Geschenke in einer kremlförmigen Plastikdose, die Erwachsenen mussten währenddessen draußen bleiben.

Zu einem Jolkafest im Kindergarten nähte mir meine Oma einmal das Kostüm eines Sterndeuters. Es war ein langes dunkles Cape, auf dem goldene Sterne befestigt waren. Als ich in den Kindergarten kam, sah ich, dass alle Mädchen aus Gaze genähte Schneeflockenkleider trugen. Alle Jungs außer mir waren Hasen. Das war die einfachste Variante, einen Jungen zu verkleiden: weißes Hemd, weiße Strumpfhosen, schwarze Shorts mit einem kleinen runden Watteschwänzchen und zwei auf einem Stirnband befestigte Ohren aus weißer Pappe. Nun fand ich plötzlich mein schickes Kostüm doof und wollte wie alle anderen Kinder werden. Als ich zu weinen begann, gab die Erzieherin nach und stellte mir ein Hasenoutfit zusammen. Nur mit den Löffeln war es etwas problematisch. Die Pappe reichte nur für ein aufgerichtetes Ohr, das zweite mussten wir aus einfachem Papier machen und hängen lassen. Erst ein Jahr später habe ich mein Sterndeuterkostüm schätzen gelernt. Ich habe es zu meinem ersten Jolkafest in der Schule angezogen und wurde dafür sogar von Väterchen Frost mit einem extra Geschenk ausgezeichnet.

Am 31. Dezember lag das angehende Fest schon in der Luft, überall — auf der Straße, in der Schule, in den Geschäften — konnte man eine besondere Vorfreude verspüren. Das Festessen wurde wie eine kleine Hochzeit vorbereitet, denn die meisten waren überzeugt: „Das neue Jahr wird so gut sein, wie man in es reinfeiert." Am späteren Nachmittag wurden drei Stunden für die in jedem Jahr wiederholte Fernsehkomödie „Ironie des Schicksals" reserviert. Die eigentliche Feier begann ca. zwei Stunden vor Mitternacht. Bestimmte Gerichte wie der nach einem französischen Koch benannte russische Eiersalat „Olivier", Sülze, Sprotten und „Hering im Pelzmantel" und „Sowjetischer Champagner" durften am festlichen Tisch nicht fehlen.

Um 23:50 Uhr wurde im Fernsehen die Rede der Staatsführung übertragen und das Glockenspiel der Uhr am Spasski-Turm in Moskau läutete das neue Jahr ein. Als ich Teenager wurde, durfte ich nach Mitternacht mit meinen Freunden auf die Straße gehen. Überall hörte man Musik und Glückwünsche. Auf dem mit Tannenbäumen und Eisfiguren geschmückten Hauptplatz der Stadt lief ein feierliches Unterhaltungsprogramm.

Die meisten, die heute an die Zeit in der Sowjetunion zurückdenken, erinnern sich gern an das Neujahrsfest zurück. Es war für die Menschen viel mehr als eine Tradition und viel mehr als Konsum. Nicht nur die Kinder, sondern auch die Erwachsenen empfanden die letzte Nacht des Jahres als eine magische Nacht. Sie zeigte, dass Menschen auch ohne Weihnachten ihr Glück finden können. Das Glück, in dem keiner Sterndeuter zu werden brauchte, sondern einige sogar mit der Rolle des Einohrhasen zufrieden waren. Und doch war das Neujahrsfest auch ein Zeichen der Sehnsucht. Einer Sehnsucht nach dem Guten und Erhabenen, nach Liebe, Zuwendung, Geborgenheit und schließlich auch nach Gott.

KARRIERE DES HERZENSBRECHERS

Als ich die Tür öffnete, stand plötzlich ein fremder Mann bei uns im Eingang unserer Wohnung. „Ja, wer wohnt denn alles hier?", sagte der Unbekannte. Ich war allein zuhause. Etwas stimmte nicht, aber als neunjähriges Kind wusste ich in diesem Moment nicht, wie ich reagieren sollte. Es gab bei uns kaum Wohnungseinbrüche. Viele Nachbarn hatten nur einen Wohnungsschlüssel und ließen ihn, wenn sie weg waren, unter der Fußmatte liegen. So konnte man unter vielen Fußmatten Schlüssel finden und problemlos in die Wohnungen kommen. Deswegen hatte auch ich keine Bedenken, jemandem die Tür zu öffnen. In dieser Situation mit dem Fremden in der Wohnung half mir zum Glück eine Offiziersmütze, die bei uns an der Garderobe hing. „Gibt es Offiziere bei euch?", fragte der Mann. „Ja", antwortete ich ohne zu zögern. Ich meinte dabei mich selbst. Als unser Balkonnachbar, Onkel Jura, mir diese Mütze schenkte, sagte er, dass auch ich jetzt Offizier der Sowjetarmee sei. Besonders gerne habe ich diese Mütze bei den Verfolgungsspielen mit unseren Jungs getragen. Der Unbekannte wollte sich mit einem Offizier nicht anlegen und ging sofort wieder. Einige Tage später wurde in unserer Wohnungstür ein Türspion eingebaut.

Der Respekt vor den Militärs war groß. Der Gründungstag der Roten Armee am 23. Februar wurde zum Fest der Sowjetischen Armee erklärt und im ganzen Land als Tag der Männer gefeiert. Männer wurden als Beschützer des Vaterlandes und ihrer Familien geehrt und an diesem Tag von Frauen beschenkt. In der Schule gab es am 23. Februar Wettbewerbe für den besten Paradeschritt und als Belohnung bekam jede Klasse einen großen Blechkuchen mit heißer Apfelmarmelade. Unsere Mädchen schrieben uns Glückwunschkarten und jeder Junge fühlte sich als richtiger Mann. Ein Mann zu sein, hatte nach Aussage unserer Lehrerin immer was mit Ruhe, Gelassenheit und Höflichkeit gegenüber der Frau zu tun. Die besten Männer waren für sie die Offiziere. Sie seien echte Kavaliere, seien sportlich, intelligent und könnten jungen Frauen sogar die Herzen brechen. Das Letzte habe ich zuerst nicht verstanden. Aber eines Tages ergab sich eine Gelegenheit, über das Herzbrechen mehr zu erfahren.

Edik, der vier Jahre älter war als ich, entschloss sich schon als kleines Kind zum Wehrdienst. Er hatte sich sogar vorgenommen, auch aus mir einen richtigen Offizier zu machen. Ich versuchte meinerseits, das Gelernte seinem Bruder weiterzugeben, der wiederum drei Jahre jünger war als ich. „Das Wichtigste für einen Offizier sind Furchtlosigkeit, Standhaftigkeit und Ausdauer", sagte Edik. Zum Trainieren dieser Eigenschaften schloss er mich im Kleiderschrank seiner Eltern ein und forderte mein Wort, den Schrank ohne seine Anordnung nicht zu verlassen. Da es ihm bestimmt zu langweilig war, neben dem Schrank zu sitzen, ging er kurz nach draußen. Dort traf er jemanden von unseren Jungs und vergaß dabei, an mich zu denken.

Im Schrank war es dunkel und eng. Eine gewisse Zeit hatte ich sogar Angst. Dann dachte ich an Gott: Wenn er überall ist, ist er auch bestimmt in diesem Schrank. Ab da war es mir nicht mehr unerträglich, zu warten, denn wir saßen im Schrank zu zweit — der Herrgott und ich. Mit der Zeit wurde das Warten immer schwerer. Es wäre möglich gewesen, die Tür von innen zu öffnen und wegzugehen. Das konnte ich aber nicht machen, denn ich hatte Edik mein Wort gegeben. Nun hörte ich endlich Schritte. Es war aber nicht Edik. Ich versuchte, noch stiller als vorher zu sein. Jemand legte sich auf das Bett und es wurde wieder still. Die Zeit kam mir wie eine Ewigkeit vor.

Nun hörte ich endlich die Schritte weggehen und nahm im Schrank eine bessere Position ein. In diesem Moment ging die Schranktür auf und vor mir stand Ediks Mutter. Sie war in der Mittagpause zuhause, um eine kurze Siesta zu machen. Hätte jemand in diesem Moment ein Foto machen können — hätte er eine Szene voll Dramatik, Mimik und Emotionen verewigt. „Was machst du hier?", fragte sie mit ersterbender Stimme. „Ich bewache eure Wohnung", antwortete ich vorsichtig. „Was für ein Schreck! Das bricht mir das Herz", fügte sie mit gleicher Stimme hinzu.

So konnte ich am Tag der sowjetischen Armee nicht nur Treue und Tapferkeit beweisen, sondern auch erschließen, was das Herzensbrechen ist. Es hatte etwas mit dem Verstecken im Schlafzimmer zu tun. Heute kann ich nicht sagen, woran es genau gelegen hat, dass ich schon mit neun Jahren meine Offizierskarriere beendet habe. Mag sein, dass es etwas mit dem Herzensbrechen zu tun hatte.

TAG DER VERWELKTEN NELKEN

In vielen Betrieben gab es damals ein Lenin-Zimmer oder sogenannte „Rote Eckchen", wo die Versammlungen und Parteiaktivitäten stattfanden. Manchmal bekam ich solche nur für die Erwachsenen zugängliche Veranstaltungen mit. Wie zum Beispiel eine jährliche Versammlung zum internationalen Frauentag am 8. März, bei der die Frauen geehrt wurden.

Schon in der Grundschule lernten wir, dass der Frauentag aus der Initiative Clara Zetkins auf der Zweiten Internationalen Sozialistischen Frauenkonferenz entstand. Wir lernten aber nicht, dass damals mit der Gleichstellung der Frau auch ihre Befreiung von der Familie und der Kinder angestrebt wurde. Die historischen Dokumente belegen zahlreiche Vorschläge, die Familie abzuschaffen und die Erziehung der Kinder vollständig dem Staat zu überlassen. Zu den neuen Initiativen zählten die Einführung der Frauenquote sowie die Legalisierung von Abtreibungen und der Kampf gegen die Kirche. Die Entstehung einer neuen Realität erhoffte man durch die Veränderung der Sprache zu erreichen. Einige Worte wurden verweiblicht, andere umgekehrt vermännlicht. Die Frauen bekamen in der Sowjetunion tatsächlich viele Rechte, der feministische Kampf aber wurde mit der Zeit abgeschafft und durch die Verehrung der Arbeiterfrau ersetzt.

Die Versammlung zur Ehre der arbeitenden Frauen, die ich im Betrieb meiner Mutter beobachten durfte, bestand aus vielen pathetischen Festreden. Die beste Arbeiterin wurde mit einer Ehrenurkunde ausgezeichnet. Zum Schluss bekam jede Frau mit dem Handschlag des Parteivorsitzenden eine rote Nelke überreicht. Immer wieder konnte ich am 8. März das gleiche Bild erleben: In den ersten Reihen saßen nach einem schweren Arbeitstag erschöpfte Frauen. Sie wollten bestimmt zu ihren Familien nach Hause und wirkten eher emotionslos. Genauso wie die längst verwelkten roten Nelken, die jede von ihnen in der Hand hielt. So bleibt die Freude des Festes in meiner Erinnerung mit erschöpften Frauen und verwelkten Nelken verbunden.

Mit der Zeit wurden diese Feste immer weniger ideologisch, dazu aber bürgerlicher und kitschiger. Ich vermute, dass auch die Parteiführung eine solche Entwicklung gut fand, denn die Frauen kämpften nicht mehr um ihre Rechte, sondern ließen sich loben und ehren. Im Vordergrund standen nicht mehr die Rechte, sondern Geschenke und Konsum. An diesen Tagen war es auch üblich, dass die Männer am 8. März die Hausarbeit übernahmen und die Familie bekochten. Da in der damaligen Zeit der Haushalt und das Kochen ausschließlich als weibliche Aufgaben verstanden wurden, hatten Männer normalerweise beides nicht gelernt. In unserem Umkreis wurden öfter Anekdoten erzählt, wie die großen 8. März-Erwartungen der

Frauen zu zahlreichen Enttäuschungen von angebranntem und ungenießbarem Essen sowie von ungeschicktem Putzen führten.

Auch wir Kinder feierten den 8. März. Im Kindergarten und in der Grundschule haben wir Geschenke für die Mütter gebastelt. Ab der 6. Klasse wurden Wettbewerbe für Mädchen und sogar von uns so heiß ersehnte Klassendiskotheken organisiert. Nach dem einmal alle Jungs aus unserer Klasse kleine Aufmerksamkeitsgeschenke zum Tag der Roten Armee von unseren Mädchen bekamen, waren auch wir dran. Das war das erste Mal, dass wir uns bewusst ohne Erwachsene Gedanken über Geschenke machen durften. Wir sammelten je 20 Kopeken und gingen in einen Drogeriemarkt. Die Regale waren schon teilweise wie leergefegt und eine richtig große Auswahl für unser Kleingeld hatten wir sowieso nicht. Uns blieb eigentlich nichts weiter übrig, als zehn Packungen Seife zu kaufen. Für das Restgeld bekamen wir für jedes Mädchen noch einen kleinen Kamm mit feinen dichten Zinken. Diesen haben wir zusammen mit der Seife am Abend der Klassendisko verschenkt. Über die Reaktion der Mädchen waren wir allerdings ziemlich enttäuscht. Sie hatten sich nicht nur geweigert, unsere Geschenke anzunehmen, sondern uns für diesen Abend den Schweigeboykott erklärt. Erst am nächsten Tag konnten wir miteinander wieder Frieden schließen.

Trotz der verwelkten Nelken, trotz zahlreicher Enttäuschungen und Missverständnisse, trotz merk-
würdiger ideologischer Anlässe haben wir den 8.
März sowie den Tag der sowjetischen Armee gerne
gefeiert. Diese Feste gaben uns eine Gelegenheit,
den Umgang mit unserer Geschlechtlichkeit zu lernen sowie einander Aufmerksamkeit zu schenken.
Auch wenn die Kämme, die wir aus Unwissenheit
für unsere Mädchen zum 8. März kauften, Läuse-
kämme waren.

GEHEIMNETZ OSTERN

Aus meiner Oma wäre eine gute Geheimdienstagentin geworden. Wir haben uns immer über ihre kommunikativen Fähigkeiten gewundert: Sobald ein Deutscher in unsere Stadt kam, stattete er uns früher oder später einen Besuch ab. Wir hätten in unserer Wohnung ein deutsches Geheimkonsulat eröffnen können. Hier wurden Nachrichten besprochen, deutsche Romanhefte ausgetauscht und manchmal sogar gesungen. Ich mochte gerne Gäste und freute mich, immer wieder bei uns zuhause neue Menschen kennenzulernen. Das von meiner Oma aufgebaute Geheimnetz diente nicht nur der Erhaltung deutscher Kultur, sondern auch dem korrekten Begehen des Osterfestes.

Im sowjetischen Kalender gab es natürlich keine religiösen Feste. Es war trotzdem bekannt, wann die Orthodoxen ihr Ostern feierten. Für die Katholiken war alles viel komplizierter. Durch ihr Netzwerk schickte meine Oma über viele Umwege noch in Sütterlin geschriebene Briefe irgendwem nach Deutschland und Monate später bekam sie eine Antwort mit Daten von Osterfesten für die nächsten fünf Jahre. Vom Osterdatum aus hat sie dann alle anderen Feste der Osterzeit sowie den Beginn der Fastenzeit ausgerechnet und diese Daten an andere Interessierte weitergegeben. Dann war für ein paar Jahre Ruhe und die ganze Geheimaktion ging wieder von vorne los.

Ostern feierten wir fast immer doppelt: einmal nach dem katholischen Kalender und einmal nach dem orthodoxen. Die sowjetische Regierung hat es geschafft, fast alle kirchlichen Feste aus dem Bewusstsein der Menschen zu tilgen. Es klappte aber nicht beim Pascha, so heißt auch auf Russisch Ostern.

Zahlreiche Osterbräuche wurden gepflegt und von Generation zu Generation weitergegeben. Es gab z. B. einige Möglichkeiten, Eier auf natürliche Art und Weise zu färben. Die in einem Sud aus Zwiebelschalen gekochten Eier werden intensiv rot. Zum orthodoxen Paschafest gehörte immer Kulitsch — ein russisches Osterbrot mit Rosinen, Vanille, Muskatnuss und einer Zuckerglasur. Solche Osterbrote konnte man sogar ein paar Tage vor Ostern in den staatlichen Bäckereien unter der politisch korrekten Bezeichnung „Frühlingskuchen" erwerben. Eine weitere Tradition, die alle atheistischen Bekämpfungen überlebte, ist der Ostergruß. „Christus ist auferstanden", war an diesem Tag die geläufigste Begrüßung selbst in der Sowjetzeit. Die Antwort darauf: „Wahrhaftig auferstanden" konnte man in privatem Rahmen sogar von Kommunisten hören. Nur den Osterhasen gab es in der orthodoxen Tradition nicht. Ich war aber sehr froh, dass der Osterhase katholisch war und sich jedes

Jahr allein meinetwegen auf den Weg in unsere Stadt machte. Einmal schaffte ich es, diesen Hasen aufzuspüren: Er war groß, hatte weiße Haare und sah genau wie meine Oma aus. Das Geheimnis von Ostern hatte ab diesem Moment für mich mit dem Osterhasen nichts mehr zu tun. Das Geheimnis von Ostern ist die Auferstehung, die alles neu macht. Die Auferweckung der damals totgesagten Kirche und der in Vergessenheit geratenen christlichen Feste sprechen für sich.

LEHRREICHE CORRIDA

Zu den einflussreichsten Erziehern der Welt gehört die Straße. Bei uns auf der Straße war immer viel los. Viele Eltern ließen ihre Kinder bis zum Anbruch der Dunkelheit spielen, denn es gab wenig Kriminalität und es schien alles sicher zu sein. Im Sommer und sogar im Winter haben wir gerne unsere Freizeit draußen verbracht: gespielt, gesprochen, gestritten und immer wieder gesetzte Grenzen überschritten. Es gab viele Jungs und auch verschiedene Gruppen, die gerne einander Dinge beibrachten, die in der Schule oder in der Familie nicht angesprochen wurden.

Schon in der 1. Klasse habe ich mit dem Rauchen angefangen. Ein Junge aus einer anderen Straße hatte mich wissen lassen, dass Zigaretten helfen, schneller erwachsen zu werden. Das fand ich klasse, denn Erwachsene dürfen später schlafen gehen, beliebig viel Eis essen und, wann sie es wollen, mit der Eisenbahn reisen. Andrej brachte eine Zigarette mit und ich machte meinen ersten Zug. Der Rauch schmeckte mir gar nicht und ich begann zu husten. Es ist doch nicht so leicht, erwachsen zu werden. Mutig machte ich den zweiten Zug. Wir verabredeten uns für den nächsten Tag, um unsere geheime Aktion fortzusetzen. Als wir uns wieder trafen, gab es aber keine Zigarette mehr. Andrej lief durch die Straßen und sammelte am Boden liegende Kippen ein. Diese Kippen fand ich so unappetitlich, dass ich mich entschloss, etwas zu warten, bis unsere Wissenschaft endlich eine Tablette erfindet, mit der jedes Kind sofort erwachsen werden kann. So hörte ich mit sieben Jahren mit dem Rauchen auf, einen Tag, nachdem ich es angefangen hatte.

In der 5. Klasse hatte ich einen neuen Kumpel gefunden, der sehr eigenständig und interessant war. Er hatte es geschafft, mehrere Monate lang die Schule zu schwänzen, so, dass seine Eltern es nicht merkten. Er hatte immer für mich Zeit und dachte sich jedes Mal ein neues Abenteuer aus. An einem Tag überredete er mich, ebenfalls die Schule zu schwänzen und stattdessen die ganze Zeit mit ihm zu spielen. Es lief alles gut und entspannt. Nachmittags entschlossen wir uns, eine spanische Corrida nachzumachen. Zuerst war er der Stier und ich der Torero. Ich musste ihn mit meiner Jacke reizen und vor ihm weglaufen. Wir hatten viel Spaß und lachten viel. Dann tauschten wir die Rollen. Ich habe meine Zeigefinger zu Hörnern gebogen, beugte den Kopf, lief ihm hinterher und stieß dabei jemandem in den Bauch. Als ich sah, wer vor mir stand, wurde ich sprachlos. Es war unsere Schulleiterin und zugleich meine Mathelehrerin. „Entschuldigung, morgen komme ich wieder in die Schule", sagte ich. „Dann auf Wiedersehen und bis morgen", antwortete Ludmila Pawlowna. In diesem Moment wurde mir ganz klar, dass ich was Falsches gemacht hatte. Es war mir auch sehr peinlich, ihr am nächsten Tag zu begegnen. Ich erwartete meine gerechte Strafe, aber die Lehrerin sprach mich auf unsere Begegnung tags zuvor gar nicht an, was für mein Gewissen viel quälender war. Am Ende des Schultages wartete ich auf sie neben dem Lehrerzimmer und sagte, dass ich nie mehr die Schule schwänzen würde. „Ich sehe, dass du alles verstanden hast, und ich glaube dir. Alles andere wird unser Geheimnis bleiben", sagte Ludmila Pawlowna. Auch als sie ein Jahr später unsere Schule verließ, hielt ich mein Wort bis zum Schulabschluss. Die Straße gehört zu den einflussreichsten Erziehern der Welt. Da kann man gut lernen, eigene Grenzen zu testen und diese auch zu setzen.

DER SCHATZ DER TITANIC

Es klingelte. An der Tür stand ein Mann im Anzug und sagte: „Nun haben wir Sie endlich gefunden. Ihnen steht ein großartiges Erbe zu." Diese Szene hatte ich mal im Kino gesehen und habe mir vorgestellt, dass auch uns einmal etwas Ähnliches passieren würde. Denn ich habe auf die Schätze der Titanic gewartet. Eigentlich kannte man die Titanic in der Sowjetunion kaum. Es konnte sogar sein, dass auch meine Lehrerin nicht wusste, was die Titanic war. Bei uns aber blieb sie ein Teil der nicht mehr nachprüfbaren Familiengeschichte.

Meine Oma erzählte öfter über ihre Tante, die in Amerika lebte und als Besitzerin einer Pferdezucht und einer Schokoladenfabrik sehr reich war. Einmal kam diese Tante mit ihrem Mann und ihren Kindern nach Europa, um die Verwandtschaft zu besuchen und begann dort zu träumen, dass ihr Schiff auf der Rückfahrt untergehen würde. Diese Träume haben sich wiederholt und waren so aufdringlich, dass die ganze Verwandtschaft darüber Bescheid wusste. Nach langen Überlegungen entschloss sich die Familie, die Tickets umzutauschen und das sicherste Schiff der Welt — die Titanic — zu nehmen. Niemand aus der Familie konnte diese Fahrt überleben. Meine Oma erinnerte sich gut an Kondolenzschreiben, die ihre Eltern in einem Holzrahmen aufbewahrt hatten.

Gerne habe ich zugehört, wenn meine Oma etwas aus der Familiengeschichte erzählte. Sie wuchs in einer deutschen Siedlung in Russland auf. Bis zu dem Zeitpunkt, als eines Tages in ihr Haus Kommunisten kamen, hatte sie kein Wort Russisch gesprochen. Denn in der Siedlung war alles wie in Deutschland – eine deutsche Schule, deutsche Ärzte, eine deutsche katholische Kirche, deutsche Waren. Sogar Möbel, Bücher und Geschirr wurden aus Deutschland eingeführt. Ihre Geschichten über die Kindheit in einem großen Haus mit einem riesigen Apfelgarten klangen wie ein Märchen. Besonders faszinierend fand ich eine hochglänzende Truhe, die mit Engeln verziert war, ein Geheimfach hatte und Musik spielen konnte. Diese gemalten Engel retteten meiner Oma und ihren drei Kindern das Leben, denn die Truhe wurde im Krieg gegen einen Sack Kartoffeln eingetauscht.

Als erster meiner Vorfahren kam im Jahr 1798 der Musiker Matthias Graf nach Russland. Davor lebte Familie Graf seit Generationen in Worms. Nun wollte der Musiker seiner Familie eine sichere Zukunft verschaffen und entschloss sich, im Alter von 58 Jahren, ein neues Leben in Russland aufzubauen. Zu unserem Stammbaum gehören viele andere Familien namens Schulmeister, Brost, Herdle, Taylor, Rowein, Wiesner und Ehrlich. Einige kamen deutlich später nach Russland, manche sogar noch kurz vor der Oktoberrevolution. Danach gab es keinen Weg mehr zurück. Meine Großeltern lebten am Schwarzen Meer in Noworossijsk, wo auch meine Mutter im Jahre 1940 geboren wurde. Als der Krieg begann, wurden sie, wie Tausende andere deutsche Familien, nach Kasachstan zwangsdeportiert. Opa Johannes Graf kam wegen seiner Nationalität 1942 in einem Straflager ums Leben. Während der Repressionen stand Oma unter ständiger staatlicher Beobachtung und musste sich täglich mit ihren drei Kindern auf der Kommandantur melden. Entsprechend dem Spezialbeschluss des Obersten Rates des Landes wurde die Familie nach Kasachstan nicht für eine bestimmte Zeit, sondern für die Ewigkeit ausgewiesen. Nach Stalins Tod kam zum Glück diese Ewigkeit an ein Ende.

„Wenn ich zurückschaue", sagte mir mal meine Oma, „dann war unsere Familiengeschichte so wie die der Titanic. Wir wollten sicher durch das Leben kommen und landeten alle in einer Katastrophe. Im Vergleich zu vielen anderen haben wir diese überlebt." Trotz aller Schwierigkeiten bewahrte meine Oma bis in die letzten Tage ihren Humor und einen unerschöpflichen Frohsinn. Manchmal brach sie aber doch in Tränen aus, versuchte aber immer wieder, die wahnsinnige Tragödie ihrer Generation als Tragikomödie zu betrachten. Was ihr keine Kommunisten und keine Repressionen nehmen konnten, war ihr Glaube. Sie brauchte dafür keinen Gottesbeweis, denn dieser war gut aus den Höhen und Tiefen ihres Lebens zu erkennen. Der christliche Glaube, der alle Niederlagen des Lebens übersteht, war der eigentliche Schatz, den ich als Erbe mitbekommen habe.

HELDEN GESUCHT

N ach der fünften Klasse bekamen wir für die Sommerferien eine Hausaufgabe. Jeder musste bis September einen Aufsatz zum Thema „Das Schicksal der Familie im Schicksal des Landes" schreiben. Wir sollten uns also kundig machen und berichten, welche Rolle unsere Großeltern und Urgroßeltern während der Revolution, im Krieg und beim Aufbau des Sozialismus spielten. Die meisten Kinder konnten stolz über ihre Opas berichten, da diese Kriegsveteranen waren. Viele konnten auch einiges über ihre Väter erzählen, da sie irgendwelche Auszeichnungen als kommunistische Bestarbeiter bekamen. Ich wollte auch etwas über meine Familie erzählen, wusste aber nicht, was. Zu diesem Zeitpunkt war es mir schon bewusst, dass der mütterliche Teil unserer Familie keine Helden des Sozialismus nachweisen konnte. Nun versuchte ich, möglichst viel über meine Großeltern väterlicherseits zu erfahren.

Meine Familienforschung begann ich in der Bibliothek. Der Nachname Krylov ist keine Seltenheit. Auf der Liste der verbreiteten russischen Nachnamen steht er auf Platz 64. Besonders bekannt in Russland ist der Fabeldichter Iwan Krylov, der genau 200 Jahre vor mir auf die Welt kam und Bibliothekar des Zaren war. Der Name selbst kommt von „Krylo", was „Flügel" heißt. Die Namensforscher verbinden diesen Namen mit dem armen Adel und deuten die Namensbildung mit geistlichen Aufgaben, kirchlichem und kirchlich-musikalischem Dienst. Es waren spannende Informationen für mich, aber mit einer solchen Namensherkunft konnte ich im Staat der Arbeiter auch nicht viel weiterkommen. Die einzige Hoffnung blieb für mich das Gespräch mit meinem Onkel in Moskau. Er erzählte, dass die Familie meines Vaters vor der Oktoberrevolution seit mehreren Generationen im Moskauer Stadtteil Hamovniki gelebt hatte, im heutigen Zentrum der Stadt. Unsere Vorfahren waren unter anderem Richter, Beamte und Großgrundbesitzer. Als die Revolution begann, packte mein Großvater sein Hab und Gut zusammen und versteckte sich in einem Dorf nahe der altrussischen Stadt Kostroma. Damit sicherte er sich und seiner Familie nicht nur die Freiheit, sondern auch das Leben. Alle drei seiner Kinder sind später nach Moskau zurückgezogen. Er selbst verstarb im Alter von 94 Jahren in seinem Dorf, kurz bevor ich zur Welt kam. Zu meiner damaligen Enttäuschung war mein Opa weder Kriegsveteran noch ein Bestarbeiter des Sozialismus.

Was sollte ich nun in diesem Schulaufsatz schreiben? Der Vater meiner Mutter kam im Straflager als Feind des Volkes um, der andere Opa stammte aus der Familie eines Großgrundbesitzers und versteckte sich in der tiefen Provinz, um möglichst wenig mit Kommunisten in Kontakt zu kommen. Hatte diese Familie wenigstens etwas zum Schicksal des Sozialismus beigetragen? Würde jetzt unsere Lehrerin sagen, dass auch von mir nichts zu erwarten ist? Mein guter Kumpel empfahl mir, ich solle doch eine Kriegsgeschichte selbst erfinden: „Keiner wird in Moskau nachfragen, was dein Großvater tatsächlich gemacht hat." Erleichtert von so einer einfachen Lösung, begann ich zu schreiben. Ich schrieb aber nicht über das Kriegsheldentum, sondern über meine Mutter, die viel arbeiten musste, um für mich und meine Oma zu sorgen. Ich schrieb, dass ihre einfache Menschlichkeit für die kommunistische Zukunft genauso wichtig sei wie ihr betrieblicher Dienst. Eine Woche nachdem wir unsere Aufsätze abgegeben hatten, las unsere Lehrerin einige Texte der Klasse vor, andere lobte sie und es wurden sogar welche für den Schulwettbewerb empfohlen. Mein Text kam in dieser Auswertung nicht vor.

UNBEKANNTE DIMENSION

Ich werde häufig gefragt, ob ich schon als Kind Priester werden wollte. Meine ehrliche Antwort — es kam gar nicht infrage. Nicht, weil ich es unattraktiv fand, Priester zu sein, sondern, weil ich weder einen katholischen Priester noch je eine Kirche gesehen hatte. Zum ersten Mal habe ich eine katholische Kirche betreten, als ich 20 Jahre alt war. Denn es gab bei uns keine Kirche. Erst nach der Wende habe ich eine katholische Kirche in der Mitte von Moskau — umrahmt von KGB-Gebäuden — entdeckt. Diese St. Ludwig-Kirche ist später zu meinem christlichen Zuhause geworden. In der Sowjetzeit wussten wir über die Existenz einer katholischen Kirche in Moskau gar nichts. So haben wir Katholiken unseren Glauben gelebt, ohne die Möglichkeit zu haben, eine hl. Messe zu feiern oder mit einem Priester zu sprechen. Wenn in Spielfilmen nebenbei eine katholische Kirche zu sehen war, schlug mein Herz höher. Es war die Gelegenheit, mit einer anderen verborgenen Welt in Kontakt zu kommen. Ich habe mir damals sogar eine Schallplatte mit der Orgelaufnahme aus dem Dom zu Riga besorgt, um mir einen Gottesdienst besser vorstellen zu können. Davon, wie die hl. Messe tatsächlich abläuft, hatte ich keine Ahnung.

Eine Erzählung meines Onkels zeigt, was eine Begegnung mit einem Priester in dieser Zeit bedeuten konnte. Onkel Willibald lebte damals in der großen Industriestadt Tscheljabinsk, wo es eine inoffizielle deutsche Siedlung gab. Er ist ein sehr vorsichtiger, sogar sehr schüchterner Mensch, der immer versuchte, jedes, sogar das kleinste Risiko zu vermeiden. Einmal wurde ihm zugeflüstert, dass in der Stadt ein deutscher katholischer Priester heimlich unterwegs sei. Trotz aller möglichen Gefahren entschloss sich mein Onkel, mit diesem Priester zu sprechen.

Am späten Abend ging er ganz konspirativ in eine private Wohnung am Rande der Stadt. In der Wohnung befanden sich einige andere Menschen, die auch mit dem Priester sprechen wollten. Für jeden Besucher gab es maximal eine Viertelstunde. Als mein Onkel an der Reihe war und allein mit dem Priester in einem Zimmer blieb, begann er vor Glück und Aufregung zu weinen. So ein Treffen war für viele Menschen nicht nur die Gelegenheit, einen Vertreter der Kirche zu sehen, sondern vielmehr eine Bestätigung, dass Gott sie nicht verlassen und nicht vergessen hatte. Diesen Zuspruch Gottes zu erfahren, bereitete meinem zurückhaltenden Onkel nicht nur eine kindliche Freude, sondern brachte ihn zum lauten Weinen. Der Priester hielt die Hand meines Onkels in seinen Händen und so saßen sie beide weinend beieinander. Die Viertelstunde war schnell um, hinter der Tür wartete jemand anders, dem jede Minute mit dem Priester genauso bedeutend sein konnte. Keiner aus unserer Verwandtschaft wusste von dieser Begegnung bis zu dem Tag, an dem ich Priester geworden war.

Warum kam es für mich als Kind gar nicht infrage, katholischer Priester zu werden? Ein katholischer Priester gehörte damals nicht zu den Dimensionen unseres realen Lebens. Als Kind wollte ich mal Lehrer, mal Historiker, mal Journalist werden. Es war für mich sogar eher vorstellbar, Kosmonaut oder Balletttänzer als Priester zu werden. Die Wege des Herrn sind nicht nur unergründlich, sondern auch voll von Abenteuern und Überraschungen.

GOOD BYE, LENIN

Jeder sowjetische Mensch, der mal in Moskau gewesen war, wurde von seinen Bekannten und Kollegen gefragt, ob er schon Lenin gesehen hätte. Das Lenin-Mausoleum war nicht nur die größte Sehenswürdigkeit, sondern die wichtigste Pilgerstätte und zentrales Kultobjekt des Landes. Das Gebäude des Mausoleums wurde von einem ehemaligen Kirchenarchitekten nach allen Regeln der Sakralbauten errichtet. Dichter und Künstler, Kindergartenerzieherinnen und Lehrer, Lehrbücher und Zeitungen — alle waren sich einig, der Besuch im Mausoleum war nicht nur unsere Dankespflicht Lenin gegenüber, sondern auch ein Lichtstrahl in die glänzende Zukunft unseres Landes.

Selbstverständlich wollte auch ich gerne das Licht der Zukunft sehen und den genialen Lenin in Moskau besuchen. Unsere Familie und unsere Verwandten hatten offenbar kein besonderes Interesse an Lenin gehabt. Trotz meines regelmäßigen Aufenthalts in Moskau war es mir immer noch nicht gelungen, meinen Wunsch nach einem Besuch bei Lenin zu erfüllen. Es war auch nicht einfach, denn das Mausoleum war nur einige Tage in der Woche und nur wenige Stunden am Tag geöffnet. Millionen von einfachen Sowjetbürgern kamen nach Moskau, um zwei Ziele zu erreichen — Lenin zu sehen und einzukaufen. Einmal ging mein Wunsch doch in Erfüllung. Um halb vier in der Nacht fuhren wir los. Als wir zum Alexandergarten kamen, sah die Menschenschlange unendlich aus. Wären wir eine halbe Stunde später gekommen, hätten wir uns nicht einmal mehr anstellen dürfen. Bis die Türe ins Mausoleum geöffnet wurde, hatte ich viel Zeit, mir die Kremlmauer und die Menschen von allen Enden der Welt anzusehen.

Um zehn Uhr morgens begann sich die Schlange langsam zu bewegen. Alle wurden ernst und sehr still. Die Soldaten der Ehrenwache vor dem Eingang des Mausoleums standen ohne die kleinste Bewegung — hier vermischte sich die Grenze zwischen Leben und Tod und es begann etwas, was in die Ewigkeit hineingerichtet war. Auf der dunklen Treppe nach unten zeigte jemand vom Personal, in welche Richtung man gehen sollte. Ich wollte meine Mutter etwas fragen, jedes Geräusch und jedes Wort wurde aber sofort unterbunden. Man durfte nicht sprechen, nicht ringsum gucken und nicht stehen bleiben. Man durfte nur auf Lenin schauen und sich in einer Einzelschlange langsam in einer vorgeschriebenen Richtung rund um das Grab zum Ausgang bewegen. Ich versuchte so aufmerksam zu sein und mir alles so genau zu merken, wie ich konnte, denn auf diesen Moment hatte ich doch so lange gewartet. Freude habe ich dabei in keinster Weise verspürt. Diese sakrale Stille wirkte auf mich eher einschüchternd und sogar etwas unheimlich. Diese paar Minuten sich bei Lenin unter der Erde aufzuhalten, kamen mir sehr lang vor, sodass ich froh und erleichtert war, wieder das Sonnenlicht zu sehen. Schnell und still gingen wir an den Gräbern der sowjetischen Staatsmänner vorbei und begannen erst zu sprechen, nachdem wir den Roten Platz verlassen hatten.

Die Frage, ob mir das Mausoleum gefallen hat, konnte ich damals nicht beantworten. Ich war eher enttäuscht, denn statt eines Symbols der glänzenden Zukunft unseres Landes hatte ich nur einen dunklen Raum mit einer geschrumpften Leiche zu sehen bekommen. Einige Jahre später, als ich meine Doktorarbeit schrieb, durfte ich Lenin noch näher kennenlernen und im Institut für Hirnforschung sein Gehirn anschauen. Dieses Gehirn wurde kurz nach seinem Tod für Forschungszwecke in Scheiben geschnitten, um die Geheimnisse von Lenins Genialität der Welt zu offenbaren. Für Millionen Menschen wurde Lenin zum Idol, der eine ewige Verehrung verdiene und in eine glänzende Zukunft führen solle. Als Kind konnte ich nicht ahnen, dass schon zehn Jahre später so viele Menschen meinen Eindruck vom Mausoleum teilen würden. Denn jedes Idol hinterlässt immer das Gleiche — eine Enttäuschung.

KRIEG UM FRIEDEN

Wenn ich mein soziales Engagement während der Schulzeit in Stunden berechnen würde, dann stünden nicht gemeinnützige Werke wie Sammeln von Altpapier und Altmetall, nicht der Naturschutz und nicht ideologische Gruppenstunden auf Platz 1, sondern unser Kampf für Frieden und Völkerfreundschaft. Nach den dreimonatigen Sommerferien begann das Schuljahr für alle Schulkinder im ganzen Land am gleichen Tag — am 1. September. Und die erste Unterrichtsstunde war immer die Stunde des Friedens. Die besten Schüler hatten die Ehre, Gedichte über den Frieden vorzutragen und in den höheren Klassen Zeitungsberichte aus den Kriegsregionen der Welt vorzulesen. Manchmal waren diese Friedensstunden für uns Kinder echt beängstigend, ihre Botschaft konnte man nicht leugnen: Die Zukunft der Erde ist in großer Gefahr. Wir können die Welt nur dann vor einer globalen Katastrophe bewahren, wenn jeder Einzelne von uns sich für Frieden und Völkerfreundschaft einsetzt.

Auch wenn wir die Nachrichten über die Erfolge des sozialistischen Landes oft überhörten, fanden wir den Kampf um den Frieden enorm wichtig. Ohne zu hinterfragen, habe ich gerne um den Frieden gekämpft, solange dieser Kampf aus Malen mit Kreide auf den Straßen, aus dem Basteln von Papierkranichen und aus den Spielstunden bestand. Dann kamen aber die jährlichen Wettbewerbe „Der rote Stern" um das richtige Marschieren und „Die rote Nelke" um die bestinszenierten Lieder. In den letzten zwei Klassen mussten wir zusätzlich unsere Qualitäten im Zerlegen und Zusammensetzen einer Kalaschnikow zeigen. Keiner merkte, dass alle diese Aktionen nicht besonders friedlich wirkten. Auf den Friedensplakaten waren Maschinengewehre, Munition oder auf einer Bombe sitzende Imperialisten zu sehen. Beim Vortragen der Friedenstexte machte man selbstverständlich ein besonders ernstes und mürrisches Gesicht. Bei Friedensveranstaltungen trugen wir manchmal eine selbst gebastelte Militäruniform und wurden so zu kleinen Soldaten im Krieg um den Frieden.

Etwas freundlicher liefen die Aktionen der Völkerfreundschaft ab. Auf den Konzerten „15 Republiken — 15 Schwestern" sollte jede Klasse die Folklore einer der sowjetischen Republiken darstellen. Besonders spannend waren unsere Theaterstücke über die Freundschaft mit afrikanischen Ländern. Auch wenn die meisten von uns nie jemanden mit dunkler Haut gesehen hatten, so wollte doch jeder einen Afrikaner darstellen und sein Gesicht mit Ruß bemalen lassen. Da ich mich gerne für alle sozialen Aktionen interessierte, entschied ich, mich auch für die Völkerfreundschaft einzusetzen.

In unserer Nachbarschaft wohnten Ukrainer, Weißrussen, Juden, Baschkiren, Tataren, Mari, Letten; uns gegenüber wohnte eine tatarische Familie. Um die Völkerfreundschaft in unser Haus zu bringen, beschloss ich, Tatarisch zu lernen und unsere Nachbarn künftig nur in ihrer Muttersprache zu begrüßen. Kolja aus unserer Klasse hatte von seiner Oma ein paar tatarische Vokabeln gelernt und erklärte sich bereit, mir die Sprache beizubringen. Ich sammelte auf einem Zettel die wichtigsten Sätze oder Redewendungen und er schrieb mir die Übersetzung dazu. „Die tatarische Sprache ist sehr kompakt", dachte ich, als ich den Zettel sah. Jeder Satz war nur mit einem Wort übersetzt. Ich ging zu Erik, der ebenso wie Kolja aus einer baschkirisch-tatarischen Familie stammte. Auf mein freundliches „Guten Tag" antwortete er beleidigt: „Du bist selbst ein Hund." Als ich ihm meine Liste zeigte, stellte er fest, dass Kolja wohl verheimlichen wollte, dass er seine Muttersprache gar nicht beherrschte. In den Ferien brachte ihm seine Oma Vokabeln von Tieren bei, diese schrieb er auf meinen Zettel. Hätte ich mit diesem Vokabular versucht, mit meinen Nachbarn zu sprechen, hätte ich ihnen statt Danke — Kuh, statt Gesundheit — Katze und statt Auf Wiedersehen — Ziege gesagt. Ich denke, dass sie mir nicht böse gewesen wären. Ich war außerdem bereit, Kolja ein paar deutsche Vokabeln beizubringen, er beschloss aber, zuerst seine tatarischen zu lernen. Ich kann nicht sagen, ob unser Kampf um den Frieden seine Früchte brachte, unsere Völkerfreundschaft schon.

DER FAHRENDE BEICHTSTUHL

Manchmal habe ich die Tage bis zu den Ferien gezählt, denn dann waren wir oft unterwegs und ich konnte es kaum abwarten, wieder mit der Eisenbahn zu fahren. Für die Eisenbahnstrecke von 2000 km brauchte der Zug damals 34 Stunden. Es war kein bisschen langweilig. Wälder, Hügel, Flüsse, kleine hölzerne Dörfer und wieder Wälder, Täler, Hügel, Felder und Dörfer. An den Stationen konnte man durch das Zugfenster bei einheimischen Babuschkas etwas zu essen kaufen. An einer Station wurden noch heiße Salzkartoffeln und eingelegte Gurken verkauft, an einer anderen Trockenfisch oder einheimische Kirschen, Birnen, Äpfel, Tomaten — regionale Spezialitäten also. An großen Stationen blieb der Zug 15 bis 20 Minuten stehen. In dieser Zeit beklopften die Wagenmeister zur Kontrolle die Räder, währenddessen die Fahrgäste die Möglichkeit bekamen, schnell zum Bahnhof zu laufen, um ein Eis oder auch mal frischen Kefir zu besorgen. Von zu Hause mitgenommener Proviant — meistens gekochte Eier, Gurken und Brathähnchen — wurde normalerweise mit anderen Fahrgästen geteilt.

In jedem Wagen gab es eine eigene Schaffnerin, die nicht nur die Fahrkarten kontrollierte, sondern den Wagen putzte, für Ordnung sorgte und in jedes Zugabteil mehrmals pro Tag heißen Tee mit einzeln verpackten Zuckerstückchen brachte.

Während des Essens kamen alle Mitreisenden ins Gespräch. Da die Chancen, jemanden in diesem riesigen Land wiederzutreffen, sehr gering waren, haben Menschen einander ihre Lebensgeschichten anvertraut. So eine Bahnreise war für einige wie eine Beichte. Es ging um Fehler, bei denen die Vergebung allein nicht ausgereicht hatte, die die Menschen weiterhin bedauerten und durch ihr Leben mitschleppten. So plauderten die Fahrgäste einander ihre Sünden, Sorgen und Ängste aus und hofften, durch die Zustimmung der Mitreisenden ihre seelische Ruhe zu finden.

In der sechsten Klasse überredete ich meine Mutter, mich allein eine Strecke von Moskau zum Ural fahren zu lassen. Meine Tante brachte mich in das Zugabteil und bat die Schaffnerin sowie die Fahrgäste, für mich zu sorgen. Schnell lernte ich alle Mitreisenden kennen und fühlte mich befähigt, mich an den vertraulichen Gesprächen der Erwachsenen zu beteiligen. Sie sprachen über Liebe, Verrat, Betrug und Hoffnung. „Ich habe ihm gedroht, ihn umzubringen, wenn er noch einmal eine andere Frau ansieht. Seitdem ist bei uns alles in Ordnung", beendete ihren Bericht eine selbstbewusste Mitreisende.

Auch ich wollte etwas Vertrauliches beisteuern, aber meine Lebenserfahrung mit zwölf Jahren war dafür zu gering. Dann kam ich doch auf die Idee, etwas zu erzählen, worüber ich mit meinen Schulkameraden nicht sprechen durfte. Ich dachte an Kupferstiche aus Omas Büchern und begann, so gut ich konnte, über den Glauben zu sprechen. Die meisten Menschen hatten damals noch nie im Leben eine Bibel gesehen und von biblischen Geschichten keine Ahnung gehabt. So berichtete ich zum Staunen der Erwachsenen über Kain und Abel, über die Arche Noah, über Abraham und Mose und selbstverständlich über Jesus. Meine Mitreisenden wunderten sich über die Geheimnisse der Bibel, die ich ihnen anvertraute. Einer jungen Dame habe ich sogar unsere private Adresse gegeben, damit sie mir ein Rezept von ihrer leckeren Torte „Napoleon" senden konnte. Das war sehr leichtsinnig von mir, denn mit meinem Namen und meiner Anschrift hätte sie die Schule über meine religiösen Ansichten alarmieren können. In einem Brief, den ich von ihr tatsächlich zwei Wochen später bekam, schrieb sie, dass sie an unser Gespräch denke, und schickte mir das gewünschte Rezept. Die Torte „Napoleon" ist uns damals nicht gelungen, meine erste selbständige Reise blieb mir aber in Erinnerung und brachte sogar keine negative Nachwirkung mit sich. Es gab doch etwas Ähnliches zwischen vertraulichen Zuggesprächen und der Beichte — das Geheimnis.

DAS OPFER DER KUNST

M eine erste Autorität im Bereich Kunst und Kultur war Tante Taja — eine ältere Frau, die in unserem Haus wohnte. Sie selbst hatte keine Zweifel, dass sie ihre Berufung lebte: „Sei froh, dass solche Menschen wie ich im Kulturbereich tätig sind, was würde sonst aus unserer Gesellschaft…" Tante Taja arbeitete im städtischen Kulturpalast als Putzfrau. Dort hatte sie viel zu sagen, denn eine gute Putzfrau zu finden, war damals gar nicht einfach. Ihre Bedeutung für Kunst und Kultur war geradezu sprichwörtlich. Selbst wenn Eintrittskarten für Theatergastspiele, Konzerte oder Zirkusse ausverkauft waren, so konnte sie doch für mich immer einen Platz finden, meistens umsonst. Manchmal stand sie sogar selbst an der Türkontrolle.

So spielte sich für mich zunächst das ganze Kulturleben in unserem Kulturpalast ab. Er gehörte zu den schönsten Gebäuden unserer Stadt. Die Foyerdecke war als Himmel bemalt, an dem Piloten und Fallschirmspringer zu sehen waren. Im Zuschauersaal hing ein riesiger Kronleuchter und die Wände waren mit Bildern der Vertreter der verschiedenen Berufe verziert. Auf einer Skulpturengruppe über dem Hauteingang war ein Zitat Lenins zu lesen: „Die Kultur gehört dem Volke."

Die Kultur, die dem Volk gehörte, bestand meistens aus Amateuraufführungen — Konzerten und pathetischen Literaturabenden. Zum Wohle des Volkes wurden Unternehmen und Berufsgruppen verpflichtet, Chor- oder Tanzauftritte einzuüben und in der Öffentlichkeit aufzuführen. Einige sangen über Lenin und die Revolution, die anderen präsentierten melancholische Volkslieder über die Natur oder beweinten die unerwiderte Liebe. In der Schule sangen wir auch über die Liebe: über die Liebe zur Heimat und zur Kommunistischen Partei. Die Lehrer waren auch für unsere Kulturaktivitäten zuständig und mussten nach den Unterrichtsstunden mit uns verschiedene Auftritte einüben. Unkomplizierte Melodien der patriotischen Gesänge, die erstaunlicherweise große Ähnlichkeit mit deutschen neuen geistlichen Liedern hatten, sollten die Nähe der Musik zum einfachen Volk bezeugen.

Der Sinn dieser ganzen Aktivitäten erschloss sich mir durch eine Aufschrift, die eingerahmt in unserem Kulturpalast hing: „Kunst fordert Opfer. K. Stanislawski". Was das zu bedeuten hatte, konnte ich aus verschiedenen Sichtweisen interpretieren. Wir lernten, dass Kommunisten ihr Leben für unsere Zukunft opfern, dass die Helden der Arbeit ihre Kräfte für unser sorgloses Leben hingeben. So konnte ich nachvollziehen, dass auch ich jetzt gefragt war. Die stundenlangen Amateurauftritte geduldig anzuschauen, war für mich jedenfalls ein Opfer, welches die sowjetische Kunst von mir forderte.

Einen ganz anderen Eindruck bekam ich dagegen in Theatern, Ausstellungen und, Museen in Moskau. Bei meinem ersten Theaterbesuch sah ich das Erwachsenendrama „Maria Stuart" von Friedrich Schiller. Da verstand ich bestimmt nicht alles, aber das Theater hat mich so beeindruckt, dass ich einzelne Szenen bis heute vor Augen habe. Mit dreizehn, vierzehn Jahren lernten wir zwischen der offiziellen und der inoffiziellen Kunst zu unterscheiden. Einige Stücke waren im Fernsehen zu sehen, andere aber wurden über halblegale Kanäle und private Tonbandaufnahmen verbreitet. Die offiziellen Aufritte mussten dem Geist des Volkes entsprechen und oft von speziellen Kunstausschüssen genehmigt werden. Aufmüpfige Künstler wurden moralisch verurteilt und mussten mit einer öffentlichen Distanzierung durch ihre Kollegen rechnen. Da bekam die Aufschrift „Kunst fordert Opfer" ihre weitere Bedeutung.

Ganz offensichtlich opferten sich für die Kunst unsere lokalen Kulturschaffenden, zum Beispiel der Akkordeonspieler aus dem städtischen Kulturpalast. Einmal wurde er morgens schlafend im Übungsraum gefunden. Da seine Frau nicht an die opferreiche Hingabe ihres Mannes glaubte, musste er auf Stühlen übernachten. Der arme Musiker hatte bis in die Nacht hinein mit einer Amateurgruppe geprobt und erst auf dem Heimweg bemerkt, dass er seinen Schal nicht dabeihatte. Er kehrte zurück und, ohne das große Licht wieder anzuschalten, nahm er irgendetwas aus der Künstlergarderobe, um es sich um den Hals zu wickeln. Seine Frau wartete auf ihn schon an der Haustür und konnte nicht nachvollziehen, warum ihr Gatte so lange hatte arbeiten müssen. Das Klärungsgespräch bekam eine neue Wende, als der Akkordeonspieler seinen Mantel auszog. Sein Hals war mit einem rosafarbenen Rock umwickelt, welche normalerweise Tänzerinnen tragen. Nur der Einsatz der Kollegen konnte in den darauffolgenden Tagen die eifersüchtige Frau etwas beruhigen und zur Versöhnung der Familie beitragen. Der Akkordeonspieler sah sich zweifellos als wahres Opfer der Kunst. Welche anderen Opfer die Kunst sonst noch forderte, bleibt der Geschichte zuerst verborgen.

BEWUSSTE DISZIPLIN

Vor unserer Schuldirektorin hatten wir viel Respekt und sogar etwas Angst. Sie war eine überzeugte Kommunistin, aber auch eine kluge und gewissenhafte Frau. Trotz keiner einfachen sozialen Verhältnisse schaffte sie es, in unserer Schule nicht nur Ordnung, sondern auch ein kollektives Bewusstsein zu etablieren. Ein wichtiger Begriff dazu war die sogenannte bewusste Disziplin. Wir lernten, unsere Schule sowie unser sozialistisches Land nicht aus Pflicht, sondern aus innerer Überzeugung zu lieben und zu pflegen. Dies versuchte unsere Schuldirektorin durch innovative Maßnahmen zu erreichen.

Einmal wurde die ganze Schule plötzlich zusammengerufen. Die Stimme der Direktorin klang so, als ob der nächste Weltkrieg ausgebrochen wäre. Es war etwas Schreckliches passiert — jemand hatte vergessen, die Toilettenspülung zu drücken, dazu lag Papiermüll auf den Schuletagen. Wir sollten lernen, unsere Schule nicht als ein öffentliches Gebäude, sondern als unser gemeinsames Haus zu betrachten. Einige Jahre nach dem Schulabschluss gestand mir diese Schuldirektorin, dass sie manchmal selbst während des Unterrichts Papierklümpchen auf der Schuletage verteilt hatte, um in der Pause zu beobachten, wer von den Schülern oder auch Lehrern daran vorbeiging. Eine bewusste Disziplin bedeutete, dass wir alle Mängel in der

Schule selbst merken und auch beseitigen sollten. Um eine bewusste Disziplin zu erzeugen, gab es in unserer Schule sogar die Tage der Selbstverwaltung. Einmal pro Jahr wurden alle Lehrer im Lehrerzimmer eingesperrt und alle Posten in der Schule von uns Schülern übernommen. Die Schüler unterrichteten, gaben einander Hausaufgaben auf und vergaben die gültigen Noten. Sogar der Schuldirektor und alle anderen Schulleiter wurden an diesem Tag aus den Schülern bestimmt. Wir mochten solche Tage sehr und haben unsere Verantwortung ernst genommen.

Das Problem mit der bewussten Disziplin war eigentlich im ganzen Land aktuell. Wenn der Staat seine Bürger wie Kinder behandelt, verhalten sich diese Bürger auch wie Kinder. Die Arbeitsdisziplin, die Arbeitsqualität und die Pünktlichkeit waren zu einem unlösbaren Knoten des sozialistischen Systems geworden. Man versuchte, das Problem mit solchen Aktionen wie „Der Fünfjahresplan der Qualität und Effizienz" oder mit überraschenden Disziplinkontrollen zu beheben. Dies bekamen wir sogar schon in der Schule zu spüren.

An dieser Stelle muss ich gestehen, dass ich immer schon ein Problem mit der Pünktlichkeit hatte. Das Problem lag daran, dass ich immer pünktlich war und deswegen ständig auf andere warten musste. Meine Freunde sagten mir öfter, dass ich auch später kommen solle. Es fiel mir jedoch irgendwie schwer, zu begreifen, warum ich später kommen sollte, wenn man eine bestimmte Uhrzeit verabredet hatte. In meiner ganzen Schulzeit habe ich nie verschlafen und mich nie verspätet. Es gab nur eine einzige Ausnahme: Ich ging in der Pause wie gewöhnlich auf den Schulhof und traf dort unsere Klassenlehrerin, die mir etwas mitteilen wollte. Ich fand es nicht höflich, die Lehrerin zu unterbrechen, und blieb mit ihr noch gut fünf Minuten nach dem Läuten der Schulglocke stehen. Am Schuleingang stoppte unsere Schulpatrouille mich als Nachzügler. Da dieser Tag zum Aktionstag der Disziplin und Ordnung erklärt worden war, wurde ich namentlich auf einer Karikatur abgebildet. Unter einem Bild mit einem unordentlichen Schüler stand folgender Text: „Schande! Solche Schüler kommen immer zu spät und bremsen unseren Lernprozess. Bringen wir ihm bei, was Ordnung bedeutet!" Ich hatte keine Möglichkeit, jemandem meine Situation zu erklären: Wenn es um die Erziehung des Kollektivs ging, spielte alles andere keine Rolle. Es ist auch schwer zu sagen, ob diese Karikatur etwas zur bewussten Disziplin in unserer Schule und zu meiner bewussten Disziplin beitrug. Sie brachte mir jedenfalls bei, die gesellschaftlichen Aktionen ernster zu nehmen.

Eine bewusste Disziplin, ohne sie so zu nennen, habe ich von meiner Mutter gelernt. Nicht nur, weil sie selbst eine solche hatte, sondern weil sie mir immer ihr unbegrenztes Vertrauen schenkte. Als kleines Kind wusste ich schon, wo zuhause unsere Ersparnisse versteckt waren, und nie habe ich daran gedacht, etwas davon zu nehmen. Außerdem hat meine Mutter nie meine Hausaufgaben kontrolliert. Sie sagte, dass sie mir vertraue und dass ich groß genug sei, um die Wichtigkeit der Hausaufgaben zu verstehen. Ich durfte, wann immer ich es wollte, bei meinen Freunden übernachten und ab dem Teenageralter beliebig spät nach Hause kommen. Sie war selbstverständlich um mich besorgt und ist nie schlafen gegangen, bevor ich nicht heimgekehrt war. Denn die Erziehungsmethode meiner Mutter waren das Vertrauen und die Freiheit, die erkennbarer Ausdruck großer Liebe sind.

MEIN DOPPELLEBEN

An einem Abend kam meine Mutter etwas besorgt nach Hause. Nach dem Abendessen wollte sie sich von mir beraten lassen, nach welchen Methoden sie mich erziehen sollte. Ihre Mitarbeiterin hätte ihr gesagt, dass meine Entwicklung sehr besorgniserregend sei. Alle normalen Kinder in meinem Alter würden Fußball und Karten spielen, im Garten arbeiten, Kartoffeln anpflanzen oder angeln gehen. Ich dagegen ginge mit meiner Zeit unverantwortlich um und verschwendete sie mit Büchern. Diese Mitarbeiterin warnte meine Mutter, sie solle ihre Erziehung überdenken, denn Bücher seien gefährlich. Wenn meine Mutter also meine Entwicklung nicht dringend unter Kontrolle brächte, könnte ich mein ganzes Leben verderben.

Die aufmerksame Mitarbeiterin hatte etwas bemerkt, was die Schule zuerst nicht registriert hatte. Mit ca. elf Jahren begann ich mein Doppelleben. Schule und Spaß gehörten bei uns nicht zusammen. Das Wichtigste war, die Inhalte aus dem Lehrbuch zu reproduzieren, am besten wörtlich. Großen Anteil der Unterrichtsstunden hatten bei uns naturwissenschaftliche Fächer. Mein Lieblingsfach aber war Geschichte. Da konnte ich sonst verborgenes Wissen über die Kirche und über den Glauben bekommen und nahm mir sogar vor, nach dem Schulabschluss Geschichtslehrer zu werden.

Ab der fünften Klasse gab es in der Schule zwei Wochenstunden Fremdsprachenunterricht und wir konnten zwischen Deutsch und Englisch wählen. Besonders wichtig beim Erlernen der Fremdsprachen waren ideologische Texte. Ich konnte z. B. auf Deutsch auswendig die Biografien von Karl Marx, Ernst Thälmann und Klara Zetkin erzählen sowie ausführlich darüber berichten, wie die jungen Pioniere Altmetall und Altpapier sammelten. Als ich im Jahre 1991 durch den Jugendaustausch Gorbatschow-Kohl zum ersten Mal nach Deutschland kam, musste ich feststellen, dass sich keiner für die Aktivitäten der jungen Pioniere interessiert hatte.

Da auswendiges und aus meiner damaligen Sicht oft sinnloses Lernen nie meine Stärke war, ließ ich nicht selten alle Hausaufgaben liegen und verschwand in einer anderen Welt. Diese Welt war die Bibliothek. In unserer kleinen Stadt gab es vier Bibliotheken — eine Kinderbibliothek, eine Jugendbibliothek, eine Zentralbibliothek und eine Gewerkschaftsbibliothek. Die letzte war mit ca. 100.000 Büchern besonders gut ausgestattet und wurde zu meinem zweiten Zuhause. Mit der Zeit wurde ich da fast wie ein erwachsener Mitarbeiter behandelt. Ich half den Bibliothekarinnen bei ihren Aufgaben und hatte dafür alle Freiheiten. Ich durfte in der Bibliothek auch außerhalb der Öffnungszeiten bleiben, stundenlang in sonst geschlossenen Bücherspeichern verweilen und die Bücher aus Sondersammlungen lesen.

In der Bibliothek lernte ich viele andere Kinder kennen und wurde sogar zum Vorsitzenden des von uns gegründeten Klubs der jungen Bücherliebhaber bestimmt. Wir organisierten Lesungen, Buchvorstellungen und Literaturabende, wir spielten Theater und brachten besondere Bücher in die Betriebswerke und in die Gewerkschaftsversammlungen. Ich lernte literarisch zu schreiben und vor Publikum zu reden. Das Faszinierendste war aber das Universum, das ich in den Büchern entdeckte: zuerst die Abenteuer von Alexandre Dumas, Jules Verne, Jack London, später die tiefen religionsphilosophischen Werke von Fjodor Dostojewski, Anton Tschechow und Michail Bulgakow, dazu alle möglichen populärwissenschaftlichen Bücher und Enzyklopädien. Als ich zum ersten Mal begriff, was alles in einer Enzyklopädie zu entdecken war, habe ich nach der Vatikanstadt geschaut. In der Schule oder in den Medien wurde nie etwas über den Vatikan gesagt, sodass ich nicht sicher war, ob der kleine katholische Staat aus unseren privaten Gesprächen überhaupt existierte. Zu meiner Freude hat mir die Große sowjetische Enzyklopädie nicht nur die Existenz von Vatikan und Papst bestätigt, sondern auch verraten, dass es außer uns noch Millionen anderer Katholiken auf der Welt gibt.

Meine neuen Freunde, mit denen ich mich gut verstand, lernte ich nicht mehr auf der Straße, sondern in den Büchern kennen. Die Romanhelden waren abenteuerlustig, konnten ehrliche und mutige Entscheidungen treffen. Sie schienen ganz anders als die Menschen aus meiner Umgebung zu sein. Ich nutzte jede Gelegenheit, um zu lesen: in der Schulpause, im Bett, bei den Spaziergängen und sonst wo. Je tiefer ich in die Weltliteratur und in die Suche nach dem Sinn des Seins versank, desto mehr entfernte ich mich von der Schule. Einerseits bot mir die Bibliothek eine Flucht vor der Realität in eine Welt des freien Denkens, andererseits begann ich tatsächlich zu zweifeln, ob ich den Schulabschluss schaffen und irgendwann einen Platz im Leben finden würde. Unsere Geografielehrerin sagte vor der ganzen Klasse, dass solche ungebildeten Menschen wie ich den Aufbau des Kommunismus stören würden. Die Chemielehrerin meinte, dass ich unfähig für ein Studium sei und ich nie einen Hochschulplatz bekäme. Meine guten Noten an der Uni und meine späteren wissenschaftlichen Forschungen kann man aus ihrer Sicht nur als Wunder bezeichnen. Die aufmerksame Mitarbeiterin meiner Mutter hatte recht — Bücher sind gefährlich, sie können zum Nachdenken verleiten und zu überraschenden Wendungen im Leben führen.

SCHÄDLICHER KAUGUMMI

Ich kann mich nicht genau erinnern, ob es bei den Mädchen genauso war, aber ein einfacher Kaugummi reichte aus, um uns Jungs zu begeistern. Denn Kaugummi hatten wir bisher nur im Kino gesehen. Durch unsere Bekanntschaften habe ich immer mal wieder westliche Kaugummis probiert und diese mit Freunden geteilt. Diese Kaugummis wurden dann sogar von unseren Jungs weiter ausgeliehen: Jeder durfte ein paar Minuten kauen. Diejenigen, die solches Glück nicht hatten, haben es mit Teer und Bitumen versucht. Es war einfach cool, wie im Kino zu kauen. Ich hätte diese Erlebnisse wahrscheinlich vergessen, wenn man mir in der Schule nicht eine Lektion verpasst hätte.

Es ist gut, zu teilen, egal, ob man selbst viel oder wenig hat — diese einfache Regel habe ich nicht nur in unserem christlichen Zuhause, sondern auch in der Schule gelernt. Teilen fand ich immer gut. Als ich die ersten sowjetischen Kaugummis zum ersten Mal in Moskau im Supermarkt sah, habe ich sofort mehrere gekauft, um diese mit meinen Kumpeln zu teilen. Eine weiße Packung mit orangenfarbigen Überschriften: „Aphelsinowaja" beinhaltete fünf Pastillen. Ich brachte mehrere Packungen mit in die Schule und teilte diese in der Pause mit den Mitschülern. Die Gefühle der Lehrerin, die danach in die Klasse kam, kann man sich heute nur vorstellen. Sie selbst hatte Kaugummis noch nie im Leben gesehen und konnte zuerst mit uns kauenden und schmatzenden Jungs nichts anfangen. Als sie endlich feststellte, dass wir etwas machten, was dem sowjetischen Schüler grundsätzlich fremd sein sollte, faltete sie aus der Zeitung eine Tüte und ging damit durch die Reihen. Keiner von uns wollte seinen lang ersehnten Kaugummi ausspucken, aber der ernste Blick der Lehrerin sagte uns, dass jeder Widerspruch zwecklos war.

In den nächsten Wochen fanden in der Schule mehrere klärende Gespräche statt. Es wurde sogar eine Fachkraft der örtlichen Gesundheitsaufsicht eingeladen, um uns gruselige Geschichten über Kaugummis zu erzählen. Die Kaugummis würden unsere Mägen von innen zerfressen und zu einer überproportional starken Kieferbildung wie bei Pferden führen. Die Hauptgefahr der Kaugummis bestand aber in den Absichten der Kapitalisten. Sie — so sagte man uns — hätten sich extra Kaugummis ausgedacht, um die sowjetischen Kinder zu gefährden oder sie sogar zu vergiften. Dass die von mir verteilten Kaugummis in Moskau produziert worden waren, spielte dabei keine Rolle. Einige Jahre später durfte und konnte man auch bei uns überall Kaugummis kaufen und die ganze Aufregung darüber war vergessen. Für mich war dabei sicherlich gut, zu lernen, dass beim Teilen nicht die Aktion, sondern die Inhalte entscheidend sind.

DAS VERBOTENE BUCH

Es war in der Sowjetunion selbstverständlich, etwas, was dem Parteikurs nicht entsprach, negativ zu bewerten, egal, ob man es gelesen, gesehen oder gehört hatte. Mit bestimmten Ansichten weiß man von Anfang an, was gut und was nicht gut ist. So gab es ein Buch, das nur wenige Menschen lesen durften, das aber jeder kritisieren sollte. Das war die Bibel. Als meine Familie deportiert wurde, durften meine Großeltern nur das mitnehmen, was sie in ihren eigenen Händen tragen konnten. So wurden u. a. drei Gebetbücher und eine kurze biblische Geschichte für die katholischen Volksschulen mitgenommen. Auch wenn ich diese in gotischer Schrift gedruckten Bücher nicht lesen konnte, waren sie für mich ein wahres Zeugnis des Glaubens. Das Kinderbuch mit den Bibelgeschichten hat mich neugierig auf die Bibel gemacht. Aber keiner von unseren Nachbarn oder meinen Schulfreunden besaß eine.

Einmal habe ich in der Bibliothek zwei atheistische Bücher entdeckt — „Die Bibel für Gläubige und Ungläubige" und „Das amüsante Evangelium". In beiden Büchern wurde der christliche Glaube verspottet und widerlegt, was für mich nicht neu war. Eine Entdeckung war, dass ich aus den Büchern zwischen den Zeilen erfahren konnte, was tatsächlich in der Bibel stand. „Das amüsante Evangelium" erzählte, wie dumm die Familie und die Nachfolger Jesu waren; es erzählte, wie Jesus bei seinem ersten Wunder wegen seiner eigenen Vorliebe für Alkohol aus Wasser Wein gemacht hatte oder beim letzten Abendmahl eine Fußpflege stiftete. Es gab in diesem Buch aber auch etwas Wertvolles. Am Anfang eines jeden neuen Kapitels konnte man die Originaltexte aus dem Evangelium lesen. Die Bibliothekarin hatte mir damals erlaubt, das Tippen auf einer Schreibmaschine zu üben. „Eureka!", dachte ich und nahm diese Spottbibel mit, um mir daraus alle Bibelzitate abzutippen. Diese geheime Mission dauerte mehrere Wochen, da ich damals nur mit einem Finger tippen konnte. Das Risiko war nicht umsonst, zum Schluss besaß ich mehrere Blätter mit meiner eigenen Ausgabe des Evangeliums. Das war eigentlich das erste Buch, das ich im Leben herausgegeben habe.

Die erste öffentlich zugängliche Bibel wurde erst im Jahr 1990 gedruckt. Auf diese habe ich damals an der Tür der Buchhandlung gewartet und habe dafür mein Monatsgehalt ausgegeben. Das Verbot, eine Bibel in der Sowjetunion zu besitzen, konnte ihre Bedeutung nur bestätigen. Die Kommunisten hatten Angst, dass eine frei zugängliche Bibel sowjetische Atheisten gläubig machen könnte. Und sie hatten recht.

FAULE PROTESTE

Für manche Menschen ist es schwer vorstellbar, aber auch in der Sowjetunion gab es Proteste. Als Schulkinder waren wir sogar an solchen Protesten beteiligt. Wenn die Zukunft des Planeten auf dem Spiel stand, war es sehr wichtig, die Stimme zu erheben und gesellschaftliche Positionen öffentlich zu bekunden. Da das sowjetische Land gut ausgebildete Menschen brauchte, wurden die Proteste während des Schulunterrichts nur selten zugelassen. Schade, Demo statt Schule machte Spaß.

Es gab aber einen wesentlichen Unterschied zwischen sozialistischen Protesten und Protesten in westlichen Demokratien. Menschen im Westen wurden mit Wasserwerfern und Tränengas auseinandergetrieben. Unsere sozialistischen Proteste wurden immer von unseren Medien und unserer Politik unterstützt. Die Zeitungen und die Regierenden lobten die aktive Lebenshaltung der Schüler und berücksichtigten sogar unsere Meinungen in den Zukunftsprogrammen. Der Erfolg unserer Proteste zeigte sich nicht daran, wie, sondern wogegen wir protestierten. So protestierten wir gerne gegen die Ausbeutung der Kinder in kapitalistischen Ländern, gegen amerikanische Waffenproduzenten und gegen die Sparpolitik von Margaret Thatcher, wir protestierten für den Frieden auf der ganzen Erde, für die Zukunft unseres Planeten und die Freiheit der politischen Häftlinge irgendwo auf der Welt. Gegen die eigene Regierung oder gegen die Kommunistische Partei zu protestieren, kam für uns nicht infrage. Es wäre sozialunverantwortlich gewesen, da wir wussten, dass unser ganzes Glück und die Zukunft der Erde in den Händen dieser Partei liegen, der gegenüber wir unendlich dankbar sein sollen.

Die häufigsten Formen unserer Proteste waren die Sammlung von Unterschriften, Malwettbewerben, die Teilnahme an den Kundgebungen oder mal sogar die Aktionen mit Altpapier oder anderen Wertstoffen. Wenn die Medien wieder über die Gefahr für die Welt berichteten, schnitten wir die passenden Friedensaufrufe aus den Zeitungen aus und starteten in kleinen Gruppen los. Wir machten dabei ernste und selbstbewusste Gesichter und gingen von Tür zu Tür, um die Unterschriften unter den Zeitungsaufrufen zu sammeln. Was danach mit diesen Unterschriften passieren würde, haben wir uns damals gar nicht gefragt. Das habe ich übrigens bis heute nicht erfahren. Wir waren besonders froh, wenn manche Kundgebungen direkt in der Schule organisiert wurden. Da konnten unsere Aktivisten beliebig lange ihre entschlossenen Reden halten, Hauptsache, der eine oder der andere Unterricht fiel aus.

Besonders gut erinnere ich mich an unsere Proteste gegen die britische Regierung und die entsprechende Unterstützungsaktion für den Streik der Bergarbeiter in Großbritannien. Mithilfe unserer Lehrerin haben wir uns bildlich vorgestellt, wie schlimm es wohl den armen britischen Kindern gehe, wenn ihre sonst schon so mittellosen Eltern im Moment keine Arbeit haben. Wir hatten sogar ein schlechtes Gewissen, dass es uns in der Sowjetunion so gut geht, während die englischen Kinder leiden müssen. Zusammen mit tausenden sowjetischen Schülern hatten wir uns entschlossen, Schulbedarf und Spielzeug für die armen britischen Kinder zu sammeln. Ich habe für diese Sammelaktionen meinen einzigen Baukasten gespendet und war sehr froh, damit meinen Beitrag für die Gerechtigkeit in der Welt leisten zu dürfen.

Dazu gab es einmal einen Kommentar von Onkel Zachar. So nannte ich einen Wächter, der im Betrieb meiner Mutter arbeitete. Manchmal fand ich seine Aussagen lustig, ohne dessen Sinn verstehen zu können. Als ich ihm stolz über meinen Baukasten für englische Kinder berichtete, legte er die Zeitung an die Seite, goss sich seinen kräftigen Tee ein und sagte: „Merke dir, Junge, wenn die Proteste von der Regierung unterstützt und von ihren Medien gelobt werden — dann ist was faul an der Sache."

DAS WIR-GESPENST

W as wir als Kinder zuhause und auf der Straße nicht erfahren konnten, das erfuhren wir im Sommerlager. Es war für die meisten Eltern möglich, ihre Kinder für vier Wochen fast umsonst in eine Ferienfreizeit zu schicken. Für die Kinder ging es dabei um das Abenteuer eines selbständigen Lebens, für die Pädagogen um die Möglichkeit, uns ein Wir-Gefühl beizubringen. Denn Persönlichkeiten gab es im Sommerlager nicht mehr, es gab nur das „Wir". Das Abenteuerliche in so einem Lager war genau die Spannung zwischen dem Kollektivdruck, fast militärischem Tagesablauf und dem Wunsch nach Freiheit, Selbstständigkeit und Selbstbestätigung.

Unser Lager „Eichenhain" konnte gleichzeitig ca. dreihundert Kinder aufnehmen und bestand aus einem Komplex von sechs hölzernen Wohngebäuden, zweigeschossigem Zentrum mit dem Kinotheater, Kantine, Bibliothek und den Spielräumen, einer Sanitätsstation und einem Wirtschaftshof. Bis zum Alter von zehn Jahren wurden Mädchen und Jungen zusammen in einem großen 30-Bettenraum untergebracht, ab elf Jahren schliefen Mädchen und Jungs getrennt. Bei der Ankunft wurden wir in Gruppen zu je 30 Kinder aufgeteilt und machten ab diesem Moment unter der Aufsicht einer Erzieherin und eines Pionierleiters alles gemeinsam.

Direkt am ersten Tag gingen wir zusammen, um uns wiegen zu lassen. Da nicht alle Kinder in ihren Familien eine gute Ernährung bekamen, war es wichtig, am Ende des Aufenthaltes zu berichten, wie viel Kilo jede Gruppe zulegen konnte. Einmal pro Woche marschierten die Kinder Richtung Wirtschaftshof, um in der Badeanstalt unter der Aufsicht der Erwachsenen zusammen zu duschen. Eine Privatsphäre gab es auch da nicht.

Die patriotische Musik kann bei jedem ganz besondere Gefühle wecken, wenn sie morgens um 7 Uhr aus den Straßenlautsprechern brüllt und einen aus dem warmen Bett in die Morgenfrische reißt. Nach der Morgengymnastik hatten wir 15 Minuten Zeit für Privathygiene. Ein Plumpsklo und die Kaltwasserleitung, an der Dutzende Wasserhähne befestigt waren, befanden sich auf der Wiese. Vor dem Frühstück traten alle Kinder- und Jugendgruppen zum Appell an und ratterten zur Begrüßung ihre Parolen herunter. Vormittags putzten Kinder ihre Schlaf- und Spielräume und bereiteten das Abendprogramm vor. Da fand man auch etwas Zeit zur freien Verfügung. Nach dem Mittagessen gab es für zwei Stunden die obligatorische Schlafpause. Abends trafen sich alle Kinder entweder an der Waldbühne oder im Kinosaal. Es gab verschiedene Wettbewerbe, Theaterdarstellungen, selbst gemachte Comedy-Sketchs sowie Kinoabende und Diskos. Wenn die Kinder um 21 Uhr im Bett waren, erzählten Pädagogen Märchen, Anekdoten und auch manchmal Gruselgeschichten.

Jugendliche mussten erst um 22.30 Uhr ins Bett. Es war besonders abenteuerlich, nachts heimlich durch das Fenster das Zimmer zu verlassen und sich an einem geheimen Ort zu treffen. Je mehr wir kontrolliert und mit Strafen sanktioniert wurden, desto verlockender war es, die eigene Tapferkeit zu testen. Das Rufen von Eulen und Käuzen klang nach den Gruselgeschichten noch unheimlicher. Nur das Pech, bei so einer Nachtaktion von einer Erzieherin erwischt zu werden, schien schlimmer als jedes Ungeheuer zu sein.

Einmal stimmten alle Jungs ab, eine Horrornacht für die Mädchen zu veranstalten. Wie Gespenster in weiße Bettlaken gehüllt, gingen wir nachts ganz leise in das Mädchenzimmer, nahmen unsere Positionen neben den Betten ein und begannen, Spukgeräusche zu machen. Was danach geschah, schlug die meisten von uns in eine panische und beschämende Flucht. In einem der Betten lag unsere Erzieherin. Die Mädchen waren abends unruhig und so blieb sie in dieser Nacht im Mädchenzimmer, um dort zu schlafen. Als sie uns sah, begann sie zu schimpfen und zu schreien. Zwei Kumpel und ich schafften es, uns unter einem Bett zu verstecken. Eine lange Zeit lagen wir bewegungslos auf dem kalten Boden und befürchteten, dass unser rasendes Herzklopfen uns verraten könnte. Das Verstecken brachte uns aber keine Vorteile, da am Morgen alle Jungs eine Kollektivstrafe erhielten. Sogar im Ungehorsam lernten alle kollektiv zu entscheiden und als Kollektiv auch eine Verantwortung zu tragen. Wenn es um das Wirgefühl ging, war Selbstdenken und Selbstentscheiden gar nicht nötig.

Ein paar Jahre später mussten wir uns in der Schule mit dem „Manifest der Kommunistischen Partei" auseinandersetzen. Es beginnt bekanntlich mit dem Satz „Ein Gespenst geht um in Europa — das Gespenst des Kommunismus." Man kann behaupten, dass wir dieses Gespenst gesehen haben.

DIE LEVIS-JEANS

D ie Mode und der Konsum wurden in der Sowjetunion nicht selten als eine Schwäche von unreifen spießbürgerlichen Menschen deklariert. Je mehr aber über die sozialistischen Ideale der sowjetischen Jugend gesprochen wurde, desto mehr hat sich diese Jugend für modische Klamotten interessiert. Amerikanische Marken-Jeans standen für viele an der Spitze aller möglichen materiellen Wünsche. Sobald jemand eine echte amerikanische Jeans besaß, galt er als erfolgreich und genoss eine besondere Aufmerksamkeit der Mädchen. Über gute Beziehungen konnte man damals in den großen Städten eine indische oder eine polnische Jeans besorgen, die amerikanische war aber nicht zu finden. In der Provinz spielten Jeans zuerst keine große Rolle.

Ich war dreizehn, als Tante Maria mir in Moskau meine erste Jeans besorgte. Keine Ahnung, wie sie es geschafft hat, aber es war eine echte Levis-Jeans. Ich konnte mir denken, dass dieses Kleidungsstück etwas Besonderes war, hatte aber von Jeans noch keine Ahnung. Das Wort Levis hatte ich bis dahin auch noch nie gehört und habe es auf deutsche Weise ausgesprochen. Das begehrte Stück war außerdem zu groß. Auf den Vorschlag meiner Mutter, die Jeans erstmal im Kleiderschrank liegen zu lassen und zu warten, bis sie mir

ca. in einem Jahr passen würde, habe ich nicht re-
agiert. Wer würde schon warten! Ansonsten hatte sich in letzter Zeit der Umgang zwischen den
pubertierenden Jungs von unserer Straße deutlich
verhärtet. Ich hatte gehofft, dass mein neues Kleidungsstück helfen würde, mir bei diesen Rivali-
täten zusätzlichen Respekt zu verschaffen. Um
die Jeans etwas kleiner zu bekommen, haben wir
sie in heißem Wasser gewaschen. Dann schlug ich
die Hosenbeine gute zwanzig cm um und ging
raus. Meine neue Kleidung blieb nicht unbemerkt
und ich wurde sofort übel ausgelacht. Alle fanden meine „Arbeitshose" ärmlich und lächerlich.
Sie meinten, dass sogar der Kindergartenpyjama
für einen Jungen besser wäre. Keiner von diesen
Jungs hatte mal davor eine Jeans gesehen und keiner wusste, wie begehrt sie eigentlich war. Diese
Kommentare waren für mich unerwartet und so
enttäuschend, dass ich nicht mehr nach Hause gehen wollte. Eine ganze Weile lief ich ziellos durch
die Stadt.

Als es schon spät geworden war, kam mir eine
Gruppe von älteren Schülern und jungen Erwachsenen entgegen. Sie fragten mich, ob das,
was sie sähen, eine echte Jeans wäre. Nun stand
ich plötzlich im Mittelpunkt der Begeisterung
und Aufmerksamkeit. Sie haben mir sogar Geld
geboten, wenn ich bereit wäre, das Levis-Etikett
rauszuschneiden und zu verkaufen. Meine Jeans
hatte also noch am gleichen Abend ihren Respekt
zurückgewonnen. Für mich wars sicherlich gut,

zu merken, dass Respekt vor einer Jeans nicht der Respekt vor mir ist und dass Kleidung und Menschen einen unterschiedlichen Wert haben. Auch wenn ich mir zunächst darüber keine Gedanken machte, hat meine Jeans bewiesen, dass, um etwas Neues zu wagen, es einen gewissen Mut braucht.

FLIRTEN LERNEN

Den ersten Tipp zum Flirten bekamen wir in der Schule von unserer Russischlehrerin. Das Schlimmste, was euch beim ersten Treffen mit einem Mädchen passieren könnte, sagte Anna Iwanowna, sind grammatikalische Sprachfehler, z. B. bei den Deklinationen. Das wäre für jeden von euch ein Fiasko. Kein Mädchen möchte sich mit so einem Jungen treffen. Wenn ihr also Russisch nicht lernt, werdet ihr euer ganzes Leben ohne Frau bleiben und allein sterben. Dann wird es keinen geben, der euch ein Glas Wasser am Sterbebett reichen kann. Es klang sehr überzeugend. Aber statt Deklinationen zu lernen, begannen wir, nach weiteren Tipps für Geschlechterbegegnungen zu suchen. Es ging gar nicht um Sex, sondern um einen allgemeinen Umgang mit Mädchen. In der Pubertät beginnt man neu zu lernen, wie man ein Mädchen anspricht oder ihm die Schultasche nach Hause trägt.

In der siebten Klasse wollten meine Kumpel und ich unbedingt einen neuen Film anschauen, der erst ab sechzehn zugelassen war. Ich trug damals, wie die Beatles, eine sogenannte Pilzkopffrisur, hatte Schuhe mit hohen Absätzen und ein modisches Hemd mit großem Kragen. Wir versuchten, unsere Stimmen tiefer klingen zu lassen und uns als Sechzehnjährige auszugeben. Einige von uns hatten Pech, mir aber gelang es ohne Weiteres, durch die Kontrolle zu kommen. Auf einer großen Leinwand küsste ein junger Mann seine Freundin, etwas später sagte sie ihm, dass sie schwanger sei. Das reichte nicht nur dafür, den Film für Kinder zu verbieten, sondern auch, um unsere Fantasie zu beflügeln. Einige Jungs meinten sogar, dass ein Mädchen allein durch Küssen schwanger werden könnte. Einem Mädchen ein Küsschen zu geben, hätte sich damals sowieso keiner von uns getraut.

Da wir keine Sexualkunde in der Schule hatten, bekamen wir kein Wissen über physiologische Vorgänge der Geschlechtsbeziehungen vermittelt. Wir haben uns diese Beziehungen als ein Geheimnis vorgestellt, das nur aus der Liebe zwischen Mann und Frau entstehen kann. Es war uns auch klar, warum darüber nicht gesprochen wurde — die Geheimnisse sind nur dann Geheimnisse, wenn sie vertraulich behandelt werden. Heute schmunzeln viele über solche Sexualvorstellungen; sie waren aber nicht nur bei Jugendlichen, sondern auch bei Erwachsenen zu finden. In großen Städten war auch damals alles anzutreffen, aber in der Provinz reichte manchmal allein das Wort „Liebespaar" aus, um die Mädchen oder sogar einige Frauen erröten zu lassen.

Direkt nach der Oktoberrevolution wurden in Russland zahlreiche soziale Experimente durchgeführt. Es wurde sogar geplant, die Familie als ein Relikt der Spießigkeit komplett abzuschaffen.

Mit der Zeit haben auch die Kommunisten begriffen, dass keine Gesellschaft ohne Familie mit Vater, Mutter und Kindern eine Zukunft haben kann. Die Familien wurden als Zelle der sozialistischen Gesellschaft deklariert, dabei wurde die Sittlichkeit zum Bestandteil des „Moralkodex des Erbauers des Kommunismus" erhoben. Dass es ernst gemeint war, zeigte der Fall unserer Nachbarin, die einen Kommunisten heiratete. Als er einige Jahre später seine Frau wegen einer anderen verließ, zeigte sie ihn bei seiner Parteizelle an. Nach einem aufklärenden Gespräch mit den Genossen kehrte der Mann zu seiner Familie zurück. Erst nach dem Zusammenbruch der Sowjetunion erfuhren wir, dass die Doppelmoral auch bei den sowjetischen Politikern gang und gäbe war. In unserer Umgebung wurde jedenfalls nie über Sex, sondern immer über die Liebe gesprochen. Die heutigen Sexualpädagogen werden es kaum glauben, aber alle meine Kumpel schafften es, ohne Anleitungen durch die Sexualkunde nicht nur flirten zu lernen, sondern auch Familien zu gründen und sogar Kinder zu zeugen. Wie weit ihnen dabei die richtigen Deklinationen geholfen haben, kann ich nicht beurteilen.

SCHLAGENDER BEWEIS

Mit der Pubertät sind viele Jungs aus unserer Klasse aggressiv geworden und versuchten bei jeder Gelegenheit, sich zu beweisen. Keiner, weder sie selbst noch die Eltern oder die Schule, konnte damit umgehen. Viele kamen aus sogenannten „schwierigen Familien", wo Alkohol oder häusliche Gewalt zum Alltag gehörten. Nach der Schule warteten diese Jungs draußen und suchten sich ein Opfer aus, um es zu verprügeln oder zu erniedrigen. Hilfe bei Lehrern zu holen, schien sinnlos zu sein, denn auch sie hatten Angst vor unserer Klasse. Es konnte manchmal passieren, dass während des Unterrichts ein Putzlappen in Richtung Lehrerin flog oder ein mit Wasser gefüllter Luftballon vor der Tafel zerplatzte. Ich hatte keinen Vater, keinen älteren Bruder und sonst niemand, der mich beschützen konnte, aber irgendwie konnte ich immer unbeschädigt nach Hause gehen. Es war so, als ob ich einen Zauberhut hätte und sie mich nach der Schule gar nicht bemerkten.

Einmal wurde ich aber doch vor der Schule aufgehalten. In zwei Tagen solle auch ich einen Jungen meiner Wahl verprügeln und damit meine Männlichkeit beweisen. Ich bat meinen Nachbarn Edik, mir in diesen zwei Tagen das Boxen beizubringen. Als der Tag kam, wählte ich mir als Opfer einen gleichaltrigen wehrlosen Jungen aus und wartete zusammen mit anderen, bis er das Schulgebäude verließ. Alle standen im Kreis um uns herum. Ich beschimpfte mein Opfer laut und wollte zuschlagen. Doch, als ich ihm in die Augen sah, drehte ich mich um und lief weg. Es war peinlich. Ich wusste, dass mein Name, aus dem Griechischen übersetzt, „Schützer" heißt und doch, statt andere zu beschützen, war ich bereit gewesen, einen Wehrlosen zu schlagen. Zugleich war ich Gott sehr dankbar, dass er mich vor dieser Prügelei bewahrt hatte. Ich wusste auch nicht, wie ich mich bei diesem Jungen entschuldigen sollte. Am nächsten Tag kaufte ich mir in der Schulkantine ein süßes Teilchen und bot ihm die Hälfte davon an. Er nahm die Hälfte, ohne etwas zu sagen. An diesem Tag sind wir nach der Schule zusammen nach Hause gegangen. Auch wenn daraus keine Freundschaft entstand, konnten wir doch in Frieden miteinander leben.

Ein Jahr später habe ich an einem dunklen Abend einen Faustschlag ins Gesicht bekommen. Als ich mit blutender Nase wieder auf den Füßen stand, war keiner mehr zu sehen. Mag sein, jemand hatte gerade mit meiner Beteiligung ein Beweisstück seiner angezweifelten Männlichkeit vollbracht. Durch solche Geschichten möchte ich auf keinen Fall den Eindruck vermitteln, dass das Leben der Jugendlichen gefährlich war. Man musste eben lernen, dass diese Welt nicht nur von Engeln besiedelt ist. Eine ernste Situation hatte ich dabei nur einmal. Damals wurde ich in einem fremden Viertel von einem Dutzend Jugendlicher aufgehalten. An ihren Gesichtern und Körperhaltungen konnte man nichts Gutes ablesen. Der Anführer fragte mich, was ich auf seinem Territorium suche und ob ich wüsste, was ich dafür zu erwarten hätte. Es gab keinen Erwachsenen in der Nähe, und um wegzulaufen, war es leider schon zu spät. Ohne nachzudenken, machte ich ein Kreuzzeichen und sagte laut: „Gott, rette und beschütze mich!" Diese meine Reaktion war für alle, mich inbegriffen, nicht nur unerwartet, sondern auch erschlagend gewesen. Die Jungs hatten so was bestimmt noch nie gesehen und nie gehört und wussten nicht, was sie damit anfangen sollten. „Hier stimmt etwas nicht. Lasst uns gehen," sagte der Anführer und in diesem Augenblick blieb ich auf der Straße ganz allein zurück. Es wird gesagt, dass Gott aus aller Gefahr rettet und die Bedränger in die Flucht schlägt, aber dass seine Anrufung so eine überraschende Wirkung haben würde, hätte selbst ich nicht gedacht. Dafür gibt es jetzt einen schlagenden Beweis.

ABER NICHT KÜSSEN

Als die deutschen Jugendlichen und Teenies in den 1980er-Jahren die „Bravo" lasen, hatten die sowjetischen jungen Menschen nur die Zeitschriften mit Namen „Flamme" oder „Pionier". Das Interesse, bunte Fotos von hübschen Mädchen anzuschauen, war bei den sowjetischen Teenagern aber ebenso vorhanden. Einmal, als ich bei einem Kumpel zu Besuch war, habe ich unter seinem Bett ein Heft mit aufgeklebten, schwarzweißen Fotos von Samantha Smith gefunden.

Samantha war ein amerikanisches Mädchen, das dem Generalsekretär der Kommunistischen Partei nach Moskau einen Brief geschrieben hatte, in dem sie ihre Angst um die Zukunft der Welt zum Ausdruck brachte. Sie wurde in die Sowjetunion eingeladen und avancierte zum absoluten politischen Star. Alle Nachrichten und alle Zeitungen erzählten, wie ein einfaches Mädchen den Mut aufbrachte, erwachsenen Machthabern zu widersprechen. Alle sprachen davon, wie sie sich über den Ozean auf den Weg gemacht hatte, um die Wahrheit herauszufinden und um die Welt vor einer globalen Katastrophe zu retten. Für die sowjetische Propaganda war Samantha ein unerwartetes Geschenk. Wir Schüler wollten wie sie sein, wir wollten unsere aktive Lebenshaltung demonstrieren und für den Frieden auf der ganzen Welt eintreten. Eine junge Amerikanerin wurde für viele von uns somit zu einer Heldin und das Wichtigste war, dass sie so war wie wir.

Als Samantha im Jahre 1985 bei einem Flugzeugabsturz ums Leben kam, wurde an ihrer Stelle eine russische Alternative gefunden. Katja Lytschowa schrieb einen Brief an US-Präsident Ronald Reagan und wurde in die USA eingeladen. Es scheint, dass junge Mädchen für die politischen Zwecke der verschiedenen Parteien gute Leistungen erbringen, egal, ob sie es selbst merken oder nicht. Man kann doch nicht gegen jemanden sein und schon gar nicht gegen jemanden kämpfen, der kindlich, unschuldig und dazu noch weiblich ist. Diese Erfahrungen der sowjetischen Ideologie kann man auch heute erfolgreich einsetzen, wenn man bestimmte politische Ideen geschickt durchsetzen möchte. Um aus dem Altruismus der jungen Menschen ein politisches Kapital zu schlagen, reicht es, aus einem einfachen Mädchen eine Ikone zu machen. Als mein Kumpel mir gestand, dass er Samantha mag, habe ich ihn vertraulich gefragt, ob er sie, wenn er die Gelegenheit bekäme, küssen würde. Seine empörte Antwort: „Dummkopf, wie kann ich so eine küssen, sie kämpft doch für unsere Zukunft!"

FABELHAFTER KOMMUNISMUS

An jenem Sommerabend versammelten wir uns im Hof unseres Plattenbaus. Wir plauderten über das Leben und kamen ins Gespräch über unsere Träume und Ziele. Mit dreizehn wird man schon realistischer und plant nicht mehr, Seefahrer, Schatzsucher oder Kosmonaut zu werden. Einige wollten die Stahlarbeiterdynastie ihrer Familie weiterführen, die anderen fanden es super, Lkw zu fahren. Im Hinblick auf unsere Zukunft waren wir bescheiden und optimistisch zugleich. „Am meisten freue ich mich, dass wir eine reale Chance haben, den Kommunismus zu erleben", sagte Wowa. „Es wäre toll, nicht zu lange darauf zu warten", stimmten ihm die anderen zu. Etwas Besseres als Kommunismus war für viele fast unvorstellbar. Wenn so viele Menschen für den Kommunismus alles und schließlich ihr Leben gegeben haben, dann sollte diese erwünschte Zukunft großartig sein.

Viele einfache Menschen haben sich den Kommunismus als den Himmel auf Erden vorgestellt. Denn die Theoretiker des Kommunismus sagten, dass es in der künftigen Gesellschaft keine Egoisten mehr geben werde, Menschen würden alles miteinander teilen und alles gemeinsam machen. Das Grundprinzip „Jeder nach seinen Fähigkeiten, jedem nach seinen Bedürfnissen!" sollte bedeuten, dass man nur so viel arbeitet, wie man möchte, und dabei jeder auch so viel konsumieren kann, wie er möchte. Zuerst wird das Grundeinkommen für alle eingeführt und dann soll das Geld abgeschafft werden. Seinerzeit versprach Parteichef Nikita Chruschtschow, dass die heutige Generation der sowjetischen Menschen im Kommunismus leben wird. In den neuen Plattenbauten waren absichtlich nur kleine Küchen vorgesehen, da man ja in der Zukunft keine private Küche mehr brauchte. Falls ja, nur mal, um Tee zu kochen. Essen sollen die Leute künftig in kostenlosen Kantinen, wo die Profiköche sowieso alles besser zubereiten können. Diese sorglose Zukunft erwartete man schon zum Ende des 20. Jahrhunderts. Wir wurden aufgerufen, nur noch kurze Zeit den Gürtel enger zu schnallen.

Noch in der Grundschule lernten wir, dass wir diese großartige sozialistische Gegenwart und die darauffolgende noch bessere kommunistische Zukunft nur Kommunisten zu verdanken hätten. In unserer Familie, in unserer ganzen Verwandtschaft und sogar in unserem Bekanntenkreis gab es aber gar keine Kommunisten. Ich habe einige auf der Straße gesehen und stellte sie mir, entsprechend der kommunistischen Erziehung, als ganz besondere Menschen vor. Diese Vorstellung wurde bekräftigt, als ich irgendwann noch im Grundschulalter in Moskau das Museum der Revolution besuchte. Die Museumsführerin erzählte, dass Kommunisten echte Helden seien. Wir bräuchten uns keine Götter mehr auszudenken, wir vergöttlichen die Proletarier von nebenan. Sie arbeiten Tag und Nacht, sie haben während der Revolution ihr Leben für arme Menschen gegeben, sie konnten im Krieg lange Zeit ohne Essen und Trinken auskommen und dabei immer gerecht und selbst aufopfernd bleiben. Die Museumsführung hat mich so beeindruckt, dass ich mir vorsichtig eine ganz menschliche Frage zutraute: „Müssen Kommunisten auch mal auf die Toilette?" Die überraschte Museumsführerin holte zuerst Luft und sagte dann: „Ja, das müssen sie auch, aber nicht so häufig."

DIE ÜBERBLEIBSEL

Immer wieder kamen Lektoren aus der Gesellschaft für politische Bildung in unsere Schule. Wladimir Iwanowitsch konnte im Vergleich zu anderen gut erzählen und unsere fabelhafte Zukunft bildhaft darstellen. „Den Kommunismus müssen wir noch erreichen, aber den Sozialismus haben wir schon aufgebaut", erklärte er und fuhr fort: „Zu jeder Zeit haben Menschen davon geträumt, in einer sozialistischen Gesellschaft zu leben. Wir haben das Glück, den Sozialismus zu erfahren, und wir bezeichnen ihn als real existierenden Sozialismus. Denn jetzt kann jeder auf der Welt sehen, dass unser System keine Fantasie ist, sondern real existiert", verkündete der Lektor. Er versuchte, uns jedes Mal aufs Neue von diesem System zu überzeugen. Denn im Sozialismus sorgt der Staat nicht nur für Gleichberechtigung, sondern auch für eine gerechte Verteilung. Er plant alles, durchdenkt alles und gibt der Gesellschaft einen Sinn. Er richtet alles zum Wohl der Menschen aus. Wir erfuhren, dass uns das beste Wohnrecht, die beste Medizin, der beste öffentliche Verkehr, die beste Produktivität und viele andere beste Dinge der Welt zur Verfügung stehen. „Das Einzige, was uns noch stört", sagte Wladimir Iwanowitsch, „ist das Überbleibsel des alten Menschen, das noch in vielen von uns steckt." Es war für mich zuerst nicht einfach, dieses „Überbleibsel" zu erkennen, dann begann ich aufmerksamer zu schauen und konnte um mich herum eine ganze Menge davon finden.

Der öffentliche Verkehr war bei uns sehr günstig. Eine Fahrt mit der U-Bahn oder mit dem Bus kostete fünf Kopeken, eine Fahrt mit der Straßenbahn nur drei. Anfangs gab es in jedem Bus unserer Stadt eine Schaffnerin, die Fahrscheine verkaufte und für Ordnung sorgte. Dann wurde diese durch einen Fahrscheinautomaten ersetzt. Dieser Automat war im Grunde genommen nur ein Metallkasten mit einer Rolle Fahrscheine. Der Fahrpreis war festgesetzt, man konnte aber beliebig viel Geld in den Kasten werfen und beliebig viele Fahrscheine von der Rolle abreißen. An dem Kasten hing ein Schild: „Der beste Kontrolleur ist das Gewissen des Fahrgastes." Alles war in unserem öffentlichen Verkehr gut, außer, dass die Busse, die die einzigen öffentlichen Verkehrsmittel in unserer Stadt waren, nach keinem Fahrplan fuhren. Sie kamen selten, waren immer voll und oft auch schmutzig. Das ist bestimmt alles durch dieses „Überbleibsel" entstanden. Auch in der Eisenbahn gabs genug „Überbleibsel": Die Züge kamen mit Verspätungen, die Toiletten waren kaum geputzt und die Bettwäsche im Schlafwagen war oft schlecht getrocknet und manchmal sogar nass. Die Bahn- und Flugzeugtickets waren an sich günstig, es kam aber einem Abenteuer gleich, ein solches in den Ferien zu bekommen. Nur in der Moskauer U-Bahn konnte ich keine „Überbleibsel" finden. Sie funktionierte einwandfrei, war schön, sauber, sicher — so, wie die begehrte Zukunft aussehen sollte.

Stolz konnten wir auf unser Gesundheitssystem sein. Eine Krankenversicherung brauchten wir nicht. Man konnte einfach so zu einem Arzt gehen und sich kostenlos behandeln lassen. Auch für Krankenhäuser, OPs und Zahnärzte musste man nichts bezahlen. Wer Fieber hatte, musste gar nicht erst in die Poliklinik gehen: Ein Anruf und der Arzt kam am gleichen Tag nach Hause. Ich kannte viele Ärzte, die selbstlos arbeiteten und für die Bevölkerung Tag und Nacht zu erreichen waren. Aber auch in der medizinischen Versorgung konnte man diese „Überbleibsel" finden. Diese war z. B. nicht immer menschenfreundlich. Lange Wartezeiten in den engen Fluren der Poliklinik, Bürokratie und Unaufmerksamkeit gehörten dazu. Eine sowjetische Satire beschrieb die Unsensibilität des medizinischen Systems durch zwei Schilder auf der Tür eines Krankenhauses: „Annahme der Kranken von 10 Uhr bis 12 Uhr. Ausgabe der Leichen von 15 Uhr bis 16 Uhr".

Der Sozialismus hatte jedoch auch viele Vorteile. Eine Mietpreisbremse war in der damaligen Zeit gar nicht nötig. Die Wohnungen wurden den Bürgern nach Bedürftigkeit und nach der Anzahl der Familienmitglieder umsonst vom Staat gegeben. Der Monatsbeitrag inklusive Pauschalpreis für Heizung und Wasser war niedrig, Strom kostete auch nicht viel. Die vom Staat gegebenen Wohnungen konnte man lebenslang behalten, vererben und beliebig tauschen. In der Realität aber war der Kampf um eine Wohnung bei vielen Menschen zur Lebensaufgabe geworden. Eine Kollegin meiner Mutter sagte mal ganz entschlossen: „Wenn ich es nicht schaffe, in den nächsten zehn Jahren vom Staat eine Wohnung zu bekommen, war mein Leben umsonst." Auch in diesem Bereich schaffte ich es, viele Beispiele zu finden, wo die „Überbleibsel" wirkten. Viele mir bekannte Familien mit zwei bis drei Kindern lebten in einer 31 qm kleinen Einzimmerwohnung. Die sechsköpfige Familie einer meiner Schulfreunde wohnte in einem Bauernhaus, das aus einem Raum bestand und nur 36 qm klein war. Die Bauernhäuser hatten keine Toiletten und keine Wasserleitung. Es gab noch sogenannte Kommunalwohnungen, die aus vier bis sechs Zimmern bestanden und wo in jedem Zimmer eine ganze Familie untergebracht war. Die Menschen hatten auf diese Weise sowohl in der Provinz als auch in Moskau etwas ähnliche Ziele. Das große deklarierte Ziel — den Kommunismus aufzubauen — und das persönliche Lebensziel — eine eigene Wohnung vom Staat zu bekommen.

Mit der Zeit fand ich so viele Beispiele, wie die Überbleibsel des nichtsowjetischen Menschen unser Wohl störten, dass ich meine Zweifel an diesem ganzen Konstrukt bekam. Denn über die Realität des real existierenden Sozialismus und der Planwirtschaft konnten wir nicht nur die Vorträge hören, sondern auch solche Witze erzählen: Zwei

Gärtner arbeiten entlang einer Straße. Einer gräbt die Löcher aus, der andere macht diese Löcher sofort wieder zu. Auf die Frage, was sie da machen, kommt die Antwort: „Wir sollen Bäume einpflanzen. Der dritte von uns sollte die Bäumchen in die Erde geben, ist aber heute nicht gekommen."

VERBOTENE TÜTEN

Meine Geschichtslehrerin in der Abschluss-
klasse war eine überzeugte Kommunistin.
Einmal vor dem Geschichtsunterricht hat sie eine
flammende Rede über Plastiktüten gehalten. Die
Plastiktüten sollten ihrer Meinung nach verboten
werden, weil sie dem moralischen Verhalten der
Sowjetjugend schaden und damit sogar unsere Zukunft in Gefahr bringen würden.

Eigentlich gab es damals in der Sowjetunion keine
Plastiktüten. Um Lebensmittel zu kaufen, haben
die meisten einfache Einkaufsnetze (Oma-Net-
ze) oder selbst genähte Stofftaschen benutzt. Eine
Plastiktüte aus dem Westen war ein absoluter Hin-
gucker. So eine zu besitzen, war fast einer Levis-
Jeans ähnlich. Ein paar unternehmensmutige Menschen aus meiner Nachbarschaft eröffneten sogar
ein kleines Atelier, in dem sie Plastiktüten mithilfe
einer gewöhnlichen Nähmaschine herstellten. Aus
einer Rolle transparenter Plastikfolie haben sie solche Tüten sorgfältig genäht und zwischen die Fo-
lienschichten Bilder aus den Illustrierten befestigt.
Für eine selbst gemachte Plastiktüte musste man
2 Rubel bezahlen, wogegen das Essen in der Schulkantine nur 20 Kopeken kostete.

Für die Grundbedürfnisse in der Sowjetunion wurde gesorgt, doch die Menschen wollten etwas mehr
haben. Lebensmittel wurden damals meistens an

der Theke gewogen und in ein graues „Umwelt-
papier" eingewickelt. Ganz einfache Einwegplas-
tiktüten, die wir heute z. B. in der Gemüseabtei-
lung bekommen, waren nicht umsonst. Sie wurden
nicht weggeworfen, sondern gewaschen, auf dem
Balkon getrocknet und mehrfach benutzt. Bunte
Plastiktüten sowie die anderen Verpackungen aus
dem Westen waren für die Menschen ein Beweis
für ein irgendwo existierendes Konsumparadies.

Unsere Geschichtslehrerin war überzeugt, dass
das Tragen von Plastiktüten zum Nachahmen des
westlichen Konsums und damit zum moralischen
Verfall der jungen Menschen führte und aus uns
nach einem kapitalistischen Muster egoistische
Verbraucher macht. Wer weiß, ob diese Lehrerin
recht hatte. Nur ein paar Jahre später konnte man
bei uns überall solche Tüten kaufen und als Fol-
ge brach die Sowjetunion, vor der sich die ganze
Welt fürchtete, zusammen. Auch wenn sich meine
Lehrerin damals gar nicht um den Umweltschutz
kümmerte, würde sie sich heute über aktuelle politische Entscheidungen im Westen freuen. Denn
ihre ideologischen Gegner — die Kapitalisten —
haben aufgegeben und endlich begriffen, dass
Plastiktüten für die Moral der Zivilisation ganz gefährlich werden können.

SOWJETISCHE SPEZIALITÄTEN

Die Freiheit der Welt ist in Gefahr. Der US-Präsident ist ein Schauspieler, auch von Westeuropa, wie z. B. Großbritannien, Italien, Österreich oder Frankreich, ist politisch nicht viel zu erwarten. Wir müssen deswegen eine Verantwortung für die Zukunft der Welt übernehmen, denn nur bei uns kann jeder Mensch wirklich frei sein. Diese Ansichten haben wir über die Medien und politische Bildung Mitte der 1980er-Jahre in der Sowjetunion vermittelt bekommen. Der größte Teil der Arbeitsbevölkerung glaubte sogar, trotz aller Probleme, dass Freiheit, Gerechtigkeit, Gleichberechtigung exklusive sowjetische Spezialitäten seien, dafür gab es auch zahlreiche Beweise.

Man fühlte sich eigentlich frei, über alles zu sprechen und verschiedene soziale Defizite wie Feigheit, Unhöflichkeit, Alkoholsucht oder mangelnde Arbeitsqualität zu kritisieren. Nur die für den Sozialismus schädlichen Themen waren tabuisiert. Wer dies nicht begriffen hatte, galt als unverantwortlich und wurde dazu gedrängt, sich öffentlich von seinen Äußerungen zu distanzieren und sich zu entschuldigen. Der echte politische Meinungsaustausch fand nicht in der Öffentlichkeit, sondern in den kleinen Plattenbauküchen statt. Bei uns zuhause wurde selten über Politik gesprochen, bei unseren Bekannten aber bekam ich die politisch unkorrekten Küchengespräche mit. Wir Kinder wuchsen in diesem System auf und nahmen es zuerst als bestehende Normalität hin. Wir hatten auch Glück, mit sechzehn die Perestroika mitzugestalten. Davor hatten wir uns Demokratie, Freiheit und Gleichberechtigung ganz anders vorgestellt.

„Wir haben heute die Möglichkeit, jemanden für einen großen Preis zu nominieren und zum Pionierlager Artek auf die Krim zu schicken. Lasst uns zusammen entscheiden, wer diese Auszeichnung bekommen soll", sagte unsere Oberpionierleiterin. Sie öffnete ihre Vorlagen, nach denen wir ganz frei jemanden mit folgenden Eigenschaften wählen durften: Mädchen aus einer Arbeiterfamilie, 13 Jahre alt und aus einer der Volksrepubliken stammend. Es war für uns eine einfache Aufgabe, denn es gab nur ein Mädchen, dass auf diese Vorgaben passte. Es wurde einstimmig gewählt.

Die Gleichberechtigung wurde nicht nur für uns Schüler, sondern für alle sowjetischen Bürger durch verschiedene Quoten gesichert. Bei der Vergabe von Studienplätzen, Plätzen in den Reisegruppen, Auszeichnungen und Wettbewerbspreisen, politischen Ämtern sowie Führungsposten in den Unternehmen wurden zuerst nicht die Leistungen, sondern soziale Herkunft und Geschlecht berücksichtigt. Es gab Quoten für die Arbeiter, für die Bauern, für die Frauen und für die verschiedenen Nationalitäten. Das Quotenprinzip galt auch für die Wahl in den Obersten Rat. So bekamen alle Bürger eine freie Möglichkeit, sich an den Wahlen zu beteiligen und vorgefertigte Stimmzettel in die Wahlurne zu werfen. In eine Wahlkabine zu gehen, war nicht üblich und auch nicht nötig — auf einem Stimmzettel stand sowieso immer nur ein Quotenkandidat, der gar nicht angekreuzt werden musste. Das sollte die Wahlbeteiligung einfacher Menschen noch unkomplizierter machen. Dazu konnte man jeden Wahltag mit Konzerten sowie Essen und Trinken wie ein richtiges Fest feiern. Die Frauen trugen feine Kleider und die Männer ihre besten Anzüge. Die Wahllokale öffneten schon um 6 Uhr morgens mit Musik aus dem Straßenlautsprecher. In den Cafeterien, die extra in den Wahllokalen eingerichtet wurden, konnte man sonst seltene Köstlichkeiten kaufen. Für die Schulkinder wurde so ein Wahltag zu einem Erlebnis. Wir schauten und träumten: „Wenn wir erwachsen sind, werden auch wir unseren Stimmzettel abgeben dürfen." Gerne nahm ich an begleitenden Kulturveranstaltungen teil.

Einmal schaute ich beeindruckt, wie ein alter, mit vielen Medaillen behängter Veteran aus dem Wahllokal an mir vorbeiging. Er klopfte mir auf die Schulter und sagte: „Sei stolz, mein Junge, dass du in unserem sowjetischen Land geboren wurdest. Hier gehört alles dem einfachen Volk und so ein freies Leben kannst du nirgendwo auf der Welt finden." Auch wenn dieser Mann es ernst meinte, wage ich heute zu bezweifeln, ob die „politische Korrektheit", die Quotenpolitik und die Ideologien ausschließlich sowjetische Spezialitäten waren.

Johannes E. Goßner
(Goßner Mission) * 1773
Carl Philipp Emanuel
Bach, Komponist † 1788

14 Donnerstag
Dezember

☀ 08:18 🌙 16:14
☾ 10:25 17:11

So spricht der HERR: Ich habe die Erde gemacht und den Menschen auf ihr geschaffen. *Jes 45,12*

Ereignisse, die unser Leben aus der Bahn werfen, lassen uns leicht zweifeln an Gott. Auch wer einen festen Glauben zu haben meint, kann dadurch ins Wanken geraten. Mit seinem Schöpfer hadern passiert leicht, wenn es anders kommt als gewünscht. Wie kann man einen ins Zweifeln geratenen Menschen aufrichten und wieder stark machen gegen solche Anfechtungen?

Der Prophet stellt Gott als Schöpfer vor Augen, der die Erde gemacht und den Menschen auf ihr geschaffen hat. Wir Menschen sind wie irdene Scherben, das heißt: zerbrechlich und vergänglich. Deshalb steht es uns nicht zu, Gott zu kritisieren und ihm Vorhaltungen zu machen. Wie kann der Ton dem Töpfer sagen, was er zu tun hat (V. 9)? Dieser Schöpfergott mag ein verborgener Gott sein (V. 15), aber sein Wirken in der Geschichte wird immer wieder zu entdecken sein, und seine Versprechen funkeln wie die Sterne am Nachthimmel.

K–S

F: Jesaja 45,9–17 · K: 2. Korinther 5,1–10

Staunen

Ich kann mich an einen Morgen in den Ferien ganz genau erinnern. Ich muss gegen halb fünf Uhr aus dem Zelt gekrochen sein. Nun ging ich den schmalen Feldweg zum See hinunter und staunte. Ich staunte wie ein kleines Kind – über den Morgennebel, über das Gezwitscher der Vögel, über die Sonne, die es langsam hell werden ließ. Ich staunte, als würde ich die Welt völlig neu entdecken. Ich staunte, als würde Gott gerade jetzt die Welt neu für mich erschaffen. Ich begann, mich unbändig auf diesen Tag zu freuen, und ich wurde erfüllt von einer tiefen Dankbarkeit gegenüber dem, der das alles für uns gemacht hat und jeden Morgen neu wieder tut. Dieser Morgen ist für mich so angebrochen, als wäre es der Morgen des Tages, an dem die Welt erschaffen wurde. Als die Amsel sang, kam es mir vor, als wäre es der allererste Vogel, dem Gott das Leben geschenkt hat, damals im Paradies.

Rainer Haack

Lied: Weißt du, wieviel Sternlein EG 511 · GL (660) · ErG 531

JOHANNES E. GOSSNER (14.12.1773 – 30.3.1858):
Heute ist sein 250. Geburtstag. Als junger Kaplan wurde er vor die Frage nach der Rechtfertigung allein durch Glauben gestellt. Er versuchte, seiner Kirche treu zu bleiben, obwohl sie ihn verklagte, ins Gefängnis warf und zu einem „geistlichen Vagabundenleben" zwang. In Berlin trat er in den Dienst der evangelischen Kirche, gründete ein Diakonissenhaus und das Missionswerk, das seinen Namen weithin bekanntgemacht hat.

BEFREIENDE WAHRHEIT

Eines Tages lud mich ein Schulfreund ein, ihn um Mitternacht in das Weite Tal zu begleiten. So heißt ein malerisches Tal zwischen den Uralbergen außerhalb der Stadt. Damals wusste ich nicht, dass diese Aktion für mich nicht nur zu einer Mutprobe, sondern auch zu einer Ehrlichkeitsprüfung werden sollte. Die Selbstverständlichkeit, mit der viele Menschen in offiziellen Veranstaltungen die Kommunistische Partei lobten und sie zu Hause kritisierten, war für uns Kinder kein Widerspruch. Wir sind so aufgewachsen und lernten, dieses doppelte Spiel als natürliche Verhaltensregel zu empfinden. In der Pubertät beginnt man die Welt anders wahrzunehmen und an den bestehenden Regeln zu zweifeln. Auch ich hatte mit der Zeit gelernt, mehr Differenzen zwischen dem Guten und dem Bösen zu erkennen. Zuhause waren wir miteinander immer sehr ehrlich. „Christus ist die Wahrheit und diese Wahrheit befreit", wurde öfter bei uns gesagt. In der Schule gab es jedoch immer wieder Situationen, in denen ich Gewissenskonflikte verspürte. Nach der Nachtaktion mit dem Schulfreund konnte ich die befreiende Kraft der Wahrheit sogar unmittelbar erfahren.

Das Fest der Taufe des Herrn spielt für die orthodoxen Christen eine besondere Rolle. Es stand nicht im Kalender, aber viele Menschen wussten, dass dieses Fest immer am 19. Januar gefeiert wird. Ich erwähnte schon, dass es bei uns in der Stadt keine einzige Kirche gab. Das Bedürfnis, mit dem Heiligen in Berührung zu kommen, war jedoch groß. Den geheimen Informationen zufolge wird das Wasser in den natürlichen Wasserquellen einmal im Jahr zu Weihwasser. Das geschieht in der Nacht auf die Taufe Jesu. Mein Schulfreund erzählte mir, dass viele Menschen in dieser Nacht in das Weite Tal gingen, um von der Bergquelle das Weihwasser zu holen. Ich war überzeugt, dass ich mit fünfzehn Jahren erwachsen genug war, dies selbst zu erfahren, und überredete meine Mutter, mich mit diesem Freund gehen zu lassen.

Es war das erste Mal, dass ich nachts ohne Begleitung von Erwachsenen aus der Stadt rausging. Am Fest der Taufe des Herrn war es immer sehr kalt. Das Wort „Tauffrost" gehört in Russland zu den allgemein bekannten Begriffen. In jenem Jahr war die Nacht auf das Tauffest kalt, aber erträglich – die Temperatur lag bei ca. minus 20 Grad. Wir hatten uns warm angezogen und gingen um 23 Uhr los. Als die beleuchteten Straßen hinter uns lagen, begannen wir unser Abenteuer immer kräftiger zu spüren. Unter unseren Füßen knirschte der Schnee, der Himmel war übersät mit Sternen. Bei Frost hätte es keinen Sinn gemacht, die Taschenlampen zu nehmen, wir haben uns einfach dem Mond anvertraut, der uns diesen Weg ins Unbekannte erleuchtete. An sich war ein Waldspaziergang in der Nacht nicht verboten, aber mit jedem Schritt wurde uns immer klarer, dass wir dem Staat gegenüber etwas Unerwünschtes oder sogar Verbotenes taten. Diese eigentlich harmlose Aktion ließ uns deutlich das Adrenalin spüren. Weit vorne und weit hinter uns konnten wir in der Dunkelheit kleine Menschengruppen oder einzelne Passanten in großen Schaffellmänteln erkennen. Also waren wir auf diesem Weg doch nicht allein. Nach diesem dreiviertelstündigen Abenteuergang kamen wir endlich an.

Das Weite Tal lag unter einer dicken und funkelnden Schneedecke. Der frostklare Sternenhimmel war weit und nah zugleich. In der verzauberten Stille konnte man nur das leichte Knarren des Schnees und vermutlich auch unseren aufgeregten Herzschlag hören. Rund um ein Eisloch standen zahlreiche Schattengestalten, die im Mondschein nicht genauer zu erkennen waren. Keiner versuchte, dem anderen ins Gesicht zu schauen, denn jeder wollte unerkannt bleiben. Etwas Unbegreifliches war in diesem Moment spürbar unter uns. Um Mitternacht zündete jemand eine Kerze an und begann mit einer schwachen leisen Stimme ein Gebet in altslavischer Sprache zu sprechen. Diese Mischung aus bekannten und unbekannten Worten konnte man nicht im Kopf, sondern nur im Herzen verstehen. Nach dem Gebet begannen die Anwesenden, ihre mitgebrachten Dosen mit dem Wasser aus der Quelle zu füllen. Jemand half meinem Freund und mir, das Wasser in meine extra dafür mitgebrachte Glasdose zu schöpfen, und wir gingen heim. Dass meine Handschuhe mit einer Eisschicht bedeckt waren, merkte ich erst, als ich sie auszog. Das Wasser tranken wir alle zusammen zuhause, es war nicht nur kalt, sondern hatte einen besonders frischen und weichen Geschmack.

Am nächsten Tag nach dem Schulunterricht traf mich im Flur unsere Klassenlehrerin und fragte: „Was hast du nun mit dem Wasser gemacht?" Die Schüler mussten in unserer Schule täglich selbst ihre Klassenräume putzen. Ich hatte schon vergessen, dass die Lehrerin mich bat, das schmutzige Wasser aus dem im Klassenzimmer stehenden Eimer wegzuschütten. An dem Tag hatte ich Klassendienst und musste dementsprechend das Wasser im Putzeimer wechseln. Wegen meiner nächtlichen Abenteuer war ich nicht nur müde und schläfrig, sondern beschäftigte mich in meinem Kopf immer noch mit dem Geschehen im Weiten Tal.

„Woher weiß unsere Lehrerin überhaupt, dass ich gestern an der Wasserquelle war? Auf welche Weise werde ich bestraft und wie kann ich mich herausreden?" — Zahlreiche Szenen spielten sich in diesem Augenblick in meinem Kopf ab. „Das Wasser war nicht für mich, sondern für meine Oma", antwortete ich spontan.

Die Lehrerin konnte sicherlich nicht begreifen, was das Wasser aus dem Putzeimer mit meiner Oma zu tun hatte, und fragte vorsichtig nach: „Ist alles in Ordnung mit dir?" In diesem Moment wurde mir bewusst, dass ich aus Ängstlichkeit gelogen und die Verantwortung auf meine Oma geschoben hatte. Vor Kurzem hatten wir noch während eines Klassengesprächs über die Männlichkeit gesprochen. Männlich zu sein, hieß, immer die Wahrheit auszusprechen. Ich habe mich damals nicht gefragt, ob ein Unterschied zwischen männlicher und weiblicher Wahrheit bestünde, aber ich wollte auf jeden Fall männlich reagieren. Ich reagierte meiner Lehrerin gegenüber unehrlich und spürte, wie mein Gesicht errötete. Innerlich bat ich Gott um seinen Beistand und beschloss, trotz aller Gefahren die Wahrheit zu gestehen: „Entschuldigung! Ehrlich gesagt, das war meine Idee und ich habe das Wasser nicht nur für meine Oma gebracht, sondern für uns alle." Im Gesicht meiner Lehrerin konnte ich nicht nur die Verwirrung, sondern weiteren Klärungsbedarf ablesen. „Machen Sie sich keine Sorgen. Ich habe das Wasser zum ersten Mal nach Hause geholt, bisher hab ich das noch nie gemacht. Es ist davon auch nichts übrig geblieben, wir haben schon alles ausgetrunken", fügte ich hinzu und war in diesem Moment bereit, als echter Mann alle folgenden Konsequenzen zu tragen. Stattdessen hörte ich Verzweifeltes: „Ich denke, du gehst jetzt besser nach Hause und ruhst dich aus. Wir schaffen es heute ohne deine Beteiligung, das Klassenzimmer zu putzen." Sie ging weg und ich merkte, dass wir die ganze Zeit aneinander vorbeigeredet hatten.

Das Fest der Taufe des Herrn brachte mir nicht nur neue spirituelle Erfahrungen, sondern auch eine erfreuliche Bestätigung: Wahrheit befreit, manchmal sogar von einem Klassendienst.

DAS BEGEHRTE VITAMIN B

In der Schule lernten wir, dass jede Arbeit und jeder Beruf ehrenhaft sind. Es gab aber einen Beruf, der besonders geachtet war. Das war der des Verkäufers. Alle wollten mit den Verkäufern Kontakte knüpfen und Beziehungen aufbauen, bei jeder Feier waren sie erwünschte Gäste. Im System der Verteilungen und Regulierungen standen Verkäufer an der besten Stelle und konnten trotz aller Kontrollen die Verteilung von Lebensmitteln und Gütern mitbestimmen. Was man im Lebensmittelgeschäft nicht fand, konnte man über den Seiteneingang bekommen. Auch die Volkskontrolleure haben nicht selten über diesen Weg eingekauft. Diejenigen, die einen Verkäufer oder, noch besser, den Ladenleiter kannten, waren jedenfalls im Vorteil.

Da unsere Familie in der Stadt fremd war, blieben wir vom Vitamin B komplett ausgeschlossen. Meine Mutter musste stundenlang in der Schlange anstehen, um bestimmte Lebensmittel zu besorgen. In der Schlange hat man Nachrichten ausgetauscht, neue Menschen kennengelernt, manche haben sogar in der Schlange ihre Familie gegründet. Manchmal war aber die ganze Mühe umsonst, denn es konnte passieren, dass gewünschte Güter kurz vor dem Ziel an der Theke ausgegangen waren. Lebensmittel wie Fleisch, Wurst oder Butter zu besorgen, war immer ein Abenteuer. Unsere Situation konnte sich jedoch für eine kurze Zeit verbessern, als ich ein Mädchen kennenlernte.

Einmal brachte meine Mutter Fleisch und Butter mit nach Hause und erzählte von einer überraschenden Begegnung. Als sie nur eine Kleinigkeit kaufen wollte, hatte die Verkäuferin von ihr einen deutlich höheren Betrag verlangt. Noch bevor meine Mutter etwas fragen konnte, bekam sie ein in Papier gewickeltes Stück Fleisch und ebenso versteckt ein Stück Butter. Man brauchte also gar nicht gefragt zu werden, ob man Fleisch oder Butter kaufen möchte. Jeder wollte das haben. Meine Mutter konnte gar nicht verstehen, womit sie dieses Glück verdient hatte. „Ich bin Nina Iwanowna", sagte die Verkäuferin „und ich kenne ihren Sohn ..."

Mein Schulfreund Oleg und ich waren in der achten Klasse, als wir uns mit Elena aus der zehnten Klasse anfreundeten. Wir besuchten sie mehrmals zuhause, haben uns jedes Mal über das leckere Essen gefreut, wussten aber nicht, dass ihre lustige und gesprächsfreudige Mutter eine Verkäuferin war. Später kam ich öfter bei Nina Iwanowna an ihrem Tante-Emma-Laden vorbei, denn sie hat gerne mit mir geplaudert. Einmal bat sie mich sogar, ihr zu helfen. Ich ging durch den Seiteneingang hinein und war überrascht, was man im Lager alles finden konnte. Ganz naiv dachte ich, dass Nina Iwanowna es wohl noch nicht geschafft hatte, diese Lebensmittel an die Theke zu bringen, und hilfsbereit, wie ich war, legte ich diese auf einen Wagen und brachte sie in die Verkaufshalle. Selten bin ich bis dahin in der Mitte einer solchen Kundenfreude gewesen. Und doch merkte ich, dass etwas nicht stimmte, denn Nina Iwanowna war über meine Hilfe nicht besonders froh. Ihre Tochter Elena sagte mir einige Tage später, dass meine Hilfe im Laden nicht mehr gebraucht würde. So unerwartet ging die einzige vorteilhafte Beziehung unserer Familie auf und wieder unter. Es stimmte also, was wir in der Schule lernten: Die echten Vitamine bringen Menschen Kraft und Gesundheit, die künstlichen haben nur eine begrenzte Wirkung und werden oft nicht absorbiert. Am Vitamin B wird es besonders deutlich.

GEFÄHRLICHE COURAGE

E s gab in meiner Kindheit und Jugendzeit viel Gutes. Es gab viel Gutes und es gab Versammlungen. Versammlungen der jungen Pioniere und Komsomolzen, Versammlungen verschiedener Ausschüsse und Gremien und auch normale Klassenversammlungen. Keiner wagte die Frage zu stellen, ob diese Versammlungen überhaupt einen Sinn haben, denn sie dienten einem wichtigen pädagogischen Ziel. Sie sollten aus uns Schülern ein Kollektiv oder, wie man heute sagt, ein Team bilden, sie sollten uns beibringen, alle Probleme gemeinsam zu besprechen und so sozialistische Demokratie zu lernen. Eine solche Klassenversammlung ist für mich tatsächlich zu einem Willkommenserlebnis des sowjetischen Kollektivismus geworden.

Am Ende der 8. Klasse waren wir zwischen 14 und 15 Jahre alt. Kostja musste wegen seiner Disziplinprobleme ein Schuljahr wiederholen und war deswegen älter als wir. Er schaffte es nicht, sich unserem Schulsystem unterzuordnen, war frech gegenüber Erwachsenen und rebellierte, wie er nur konnte. Seine zahlreichen Possen haben ihm eine entsprechende Autorität bei vielen anderen „schlechten Jungs" verschafft. Wir waren keine richtigen Freunde, es gab aber etwas, was wir gegenseitig respektierten. Mehrmals besuchte ich ihn zu Hause und empfand ihn als klugen, belesenen und suchenden Menschen, der in unserer Umgebung fremd wirkte. Nun wurde er zum Thema unserer Klassenversammlung. Das Kollektiv sollte ihm seine tiefe Abneigung zeigen, ihn isolieren und so für die Klassendisziplin sorgen.

Nachdem unsere Lehrerin und einige Aktivisten Kostja streng verurteilt hatten, meldete ich mich zu Wort und sagte, dass er viele gute Eigenschaften besitze und ein guter Freund sein könne. Ab diesem Moment stand plötzlich nicht Kostja, sondern ich im Mittelpunkt des Geschehens. Unsere Klassensprecherin sagte, dass solche Menschen wie ich sozial unreif seien. Man müsse zuerst kritisch sich selbst betrachten und erst dann dürfe man solche Äußerungen wie die meinen wagen. Plötzlich kamen alle mir bewussten und unbewussten Sünden ans Licht der Versammlung. Meine Hausaufgaben machte ich nicht regelmäßig, ich gäbe sie anderen zum Abschreiben, und obwohl ich immer anwesend sei, lebte ich mein eigenes Leben. Alle Puzzleteile passten auf einmal zusammen und bewiesen, was für ein sozial unverträglicher Mensch ich sei. Ich wurde nach vorne gerufen und musste vor der ganzen Klasse stehen und in die Augen der Kameraden schauen. Kein positives Wort konnte man an diesem Abend über mich hören. Als es spät geworden war, gingen wir mit den unterschiedlichen Gefühlen nach Hause. Unsere Lehrerin war zufrieden, dass einige Schüler eine reife sozialistische Lebenshaltung gezeigt hatten. Unsere Klassensprecherin war stolz, dass sie sich für die Ordnung in der Klasse und damit für das Wohl der Gesellschaft einsetzen konnte. Die meisten Schüler waren froh, dass die Versammlung zu Ende war und dass sie dabei nicht angesprochen worden waren. Draußen war es dunkel und nasskalt, ich blieb allein auf der Straße stehen und hatte keine Lust, irgendwohin zu gehen. Zum ersten Mal im Leben spürte ich als Teenager, wie sich Einsamkeit anfühlt, und wusste nicht, wie ich damit umgehen sollte. Wenn alle Menschen gegen mich sind, wäre es das Beste, für immer zu verschwinden.

Am nächsten Tag sagte unsere Klassensprecherin zu mir, dass ich ihr nicht böse, sondern dankbar sein sollte. Sie erklärte, dass sie am Vortag nur ihre bürgerliche Pflicht ausgeübt und ihre Zivilcourage gezeigt hätte. Sie hatte recht, denn wir wurden so erzogen. Die bürgerliche Pflicht und die Zivilcourage besaßen in unserer Erziehung oberste moralische Priorität. Schon als junge Pioniere lernten wir die Geschichte von Pawlik Morosow, der im Alter von 13 Jahren aus Zivilcourage seinen Vater der Sowjetmacht auslieferte und sogar gegen ihn vor Gericht aussagte. Heute kann man darüber streiten, aber viele Menschen, die ihre verdächtigen Kollegen, Nachbarn und Familienmitglieder anzeigten und politischen Repressionen aussetzten, machten dies nicht immer aus persönlichem Interesse oder mit böser Absicht, sondern oft aus innerer Überzeugung und zum Wohl der Gesellschaft. Eine ganz gewöhnliche Klassenversammlung brachte mir bei, wie schnell es kommen kann und wie es sich anfühlt, von allen verurteilt und verlassen zu sein. Aus einer solch harmlosen Episode konnte man lernen, dass auch die Zivilcourage gefährlich werden kann.

ERNÜCHTERNDE ERKENNTNIS

Nach der achten Klasse kam eine überraschende Auszeichnung. Zum ersten Mal gab es eine Schulreise zum Goldenen Ring und ich durfte dabei sein. Der Goldene Ring ist eine Reihe von altrussischen Städten nördlich von Moskau, die zu den bekanntesten historischen Sehenswürdigkeiten Russlands gehören. Für mich war es eine großartige Möglichkeit, noch tiefer in die Geschichte einzutauchen. Viele von uns waren noch nie so weit von zu Hause weg und durften zum ersten Mal in einem Fernzug fahren. Wir nutzten diese Gelegenheit auch, einander besser kennenzulernen und uns sogar als Kavaliere zu erproben.

Vor Ort wohnten wir in zwei großen Räumen: in dem einen wir 15 Jungs mit unserem Sportlehrer und in dem anderen 15 Mädchen mit einer unserer Schulleiterinnen. Abends, wenn wir schon im Bett waren, erzählte der Lehrer Erwachsenenwitze, für die wir uns selbstverständlich schon reif fühlten. Tagsüber gingen wir von Museum zu Museum. In den Bauten der seit langer Zeit geschlossenen Kirchen wurden zahlreiche Museen und Ausstellungen eingerichtet. Einmal aber kamen wir zu einer noch genutzten Kirche, in der gerade etwas Liturgisches geschah. Viele hatten noch nie einen Gottesdienst gesehen und waren ziemlich neugierig. Da unsere beiden Begleiter bekennende Kommunisten waren, hatten wir nicht viel Hoffnung, hineingehen zu dürfen. Wir fragten ganz vorsichtig, ob wir kurz reinschauen dürften, und bekamen eine überraschende Antwort: „Wir können im Moment eure Frage nicht hören und wir sehen im Moment nicht, was ihr in der nächsten Viertelstunde macht." Alles klar. Eine Minute später waren wir alle in der Kirche. Selbstverständlich gaben wir uns Mühe, es zu übersehen, dass auch unsere beiden Begleiter sich an einer Ecke zu verstecken suchten.

Wir entdeckten eine Gelegenheit, während der Reise nicht nur die Sehenswürdigkeiten, sondern auch die mitreisenden Mädchen mit wachen Augen zu sehen. In unserer Klasse gab es damals einunddreißig Schüler, einundzwanzig davon waren Jungs. Wir kannten unsere Mädchen seit acht Jahren und fanden sie daher nicht besonders interessant, die Mädchen aus anderen Klassen wirkten dagegen geheimnisvoll und attraktiv. Nun hatte auch ich mir eine Traumkandidatin ausgeguckt. Sie schien nicht nur hübsch, sondern vor allem mild, zärtlich, humorvoll und gut erzogen zu sein. Die Annäherung bestand aus kleinen Aufmerksamkeitszeichen, mal eine Pusteblume, mal ein nettes Wort oder eine Praline. Dass das alles nicht umsonst war, zeigte ein Täfelchen Schokolade, das ich von ihr am Abreisetag bekam.

Auf der Rückfahrt fanden es unsere Jungs lustig, trotz meiner Proteste, verschiedene Gegenstände,

u. a. abgenagte Hühnerknöchelchen, aus dem Zugfenster zu werfen. Auch die von mir aufbewahrte Schokoladenverpackung flog mit. Keiner hätte dabei sich vorstellen können, dass alle diese Gegenstände nicht nach unten fielen, sondern zwei Fenster weiter hinten wieder in den Zug hineinflogen und auf dem Liegeplatz meines Traummädchens landeten. Kurz darauf konnte ich es von einer ganz anderen Seite kennenlernen. Es schmiss alles, was es gesammelt hatte, mir zu Füßen und trotz meiner Entschuldigung und zahlreichen Versuche, alles zu erklären, fluchte sie wie ein Bierkutscher. Bis heute weiß ich nicht, wer von uns beiden enttäuschter über den anderen war. Ich war für sie auf einmal ein Idiot und ich konnte sie aus einer ganz anderen Perspektive kennenlernen. Vom Milden, Zärtlichen und Humorvollen aus meinen romantischen Fantasien blieb auf einmal nichts übrig. Die Mädchen aus unserer Klasse waren doch nicht schlechter als die anderen. So schenkte mir diese Reise die einfache Erkenntnis, dass die Kirschen in Nachbars Garten doch nicht immer süßer schmecken.

OPIUM FÜR DAS VOLK

D a die sowjetische Flagge für mich damals noch zu schwer war, hätte ich normalerweise wie die anderen Grundschulkinder Luftballons tragen müssen. „Wir vertrauen dir unseren Generalsekretär an", sagte mir jemand, der eine rote Armbinde trug. Ich bekam das an einem Stock befestigte Porträt von Parteichef Leonid Breschnew. So habe ich zum ersten Mal im Leben an einer Demo teilgenommen. Zweimal pro Jahr, am Tag der Arbeiter und am Tag der Oktoberrevolution, fanden überall in der Sowjetunion feierliche Demonstrationen statt. In Moskau und in einigen großen Städten gab es am Tag der Oktoberrevolution auch Militärparaden. Nur einmal in meinem Leben habe ich eine solche live miterlebt. Aber auch in unserer Stadt waren die Demonstrationen feierlich. Optimistische Märsche aus den Straßenlautsprechern sorgten für entsprechende Stimmung. Jede Schule, jeder Betrieb, jede Organisation nahm an den Demonstrationen teil und folgte einem dafür feierlich geschmückten Lkw. Ich mochte nicht mit den Kindern marschieren und schaffte es, mich jedes Mal von der Schulgruppe abzumelden und mit dem Baubetrieb meiner Mutter zu gehen. Viele Jahre hintereinander bekam ich den Generalsekretär zu tragen. „Du hast eine schwere Last bekommen, schau mal, wie viel Metall du schleppen musst", lachten Mitgehende und zeigten dabei auf unzählige Orden und Medaillen, die auf der Uniformjacke von Breschnew abgebildet waren. Wenn wir am Hauptplatz vorbeikamen, mussten wir unsere Flaggen, Banner und Porträts von bedeutenden Kommunisten hochheben. Die Parteifunktionäre riefen von der auf dem Platz aufgebauten Tribüne über die Lautsprecher solche Parolen wie „Die Partei ist die Vernunft, die Ehre und das Gewissen unserer Epoche." Demonstrierende antworteten darauf mit einem lauten „Hurra!" Die Prozession, inklusive der Aufstellung, dauerte zwei bis drei Stunden. Danach gingen alle nach Hause, um mit ihren Familien und Kollegen privat zu feiern.

Im Grundschulalter ging ich gerne mit den Erwachsenen demonstrieren. Vom Ablauf her konnte man solche Demos mit einem Karnevalszug vergleichen, bloß ohne Karneval, ohne Humor, ohne Kostüme und ohne Kamelle. Später aber begann ich, Fragen zu stellen, auf die es keine Antworten gab: Für wen demonstrieren wir an diesen Tagen? Was wollen wir damit zeigen? Warum tragen wir dabei Fotos der Politbüromitglieder an der Tribüne mit den örtlichen Parteifunktionären vorbei, als ob sie diese noch nie gesehen hätten? Keiner aus meiner Umgebung zeigte zumindest etwas Interesse, mit mir diese Fragen zu besprechen: Demonstrationen schienen genauso selbstverständlich zu sein wie Himmel und Erde. Zum Glück konnte ich mich mit diesen Fragen an die Mutter meines Schulfreundes Erik — Anfissa Anwarowna — wenden. Als Bibliothekarin war sie sehr belesen. Sie las durchschnittlich ein Buch pro Nacht und hatte immer Zeit und Ohr für meine Gedanken, fürs Lesen von meinen naiven Gedichten und ersten literarischen Proben sowie für alle meine Fragen. „Komm einfach nach der nächsten Demo zu uns und feiere mit", sagte Anfissa Anwarowna, nachdem ich wieder mal meine Zweifel am Sinn der Demos ausgesprochen hatte. Da war ich in der neunten Klasse und fünfzehn Jahre alt.

Dieses Mal hatte ich gerne einen Bund Luftballons getragen und ging nach der Demo bei Erik vorbei. Wir schauten zuerst den feierlichen Umzug aus seinem Fenster zu Ende und nahmen am Tisch Platz. Es gab Pelmeni — mit Fleisch gefüllte Teigtaschen — und zum Nachtisch eine Torte aus der örtlichen Brotfabrik. „Der Sinn jedes Festes liegt darin, dass wir die Möglichkeit haben, zusammenzukommen und zu feiern", sagte Anfissa Anwarowna. Eriks Vater stellte dabei eine Flasche Wodka auf den Tisch und schmunzelte: „Hier ist das Opium für das Volk." Seinerzeit bezeichnete Karl Marx die Religion als „Opium des Volkes", Wladimir Lenin modifizierte diese Aussage zum „Opium für das Volk". Auch wenn Eriks Vater diesen Ausdruck auf den Wodka übertrug, gingen mir auf einmal die Augen auf: Der Kommunismus war einfach zu einer neuen Religion geworden.

Erst später konnte ich zahlreiche Parallelen zwischen der Kommunistischen Partei und der Kirche entdecken. Marx, Engels und Lenin bildeten die Heilige Dreifaltigkeit, ihre Werke sollten wie die Heilige Schrift studiert werden. Die Bilder der Parteileitung und der Regierungsmitglieder wurden wie Ikonen in einer Prozession getragen, Parteihymnen statt Kirchenhymnen gesungen. Erstkommunion und Firmung konnte man mit der Aufnahme in die Pionierorganisation und in den Kommunistischen Jugendverband vergleichen. Die Revolutionäre wurden wie die Märtyrer verehrt und für die Bevölkerung wurden zahlreiche Riten etabliert. Eine wichtige Rolle spielte dabei eine durchdachte Symbolik, die sogar Kinder auszulegen lernten. Hammer und Sichel zeigten die Verbindung von Arbeitern und Bauern, der fünfeckige rote Stern — die Einheit der Proletarier der fünf Kontinente, die rote Farbe — das Blut der Revolutionäre, die Hand über dem Kopf bei der Begrüßung der jungen Pioniere zeigte, dass die allgemeinen Interessen über den privaten standen. Es schien, dass dieser Glaube vielen Menschen half, ihrem Leben Sinn und Ordnung zu geben. Die Entwicklung der Ideologien zu säkularen Religionen zeigt dabei, dass von Gott geschaffene Menschen ohne Glauben nicht leben können. Wenn eine Religion verboten wird, wird mit der Zeit eine andere geschaffen. In der Sowjetunion lebten wir also in einer tiefreligiösen Gesellschaft, in der die staatliche Weltanschauung zum Opium für das Volk werden sollte.

MEIN ERSTES GEHALT

Viele Menschen können sich gut erinnern, wie sie ihr erstes Geld verdient haben. Mein erstes Honorar bekam ich als junger Journalist im Alter von 14 Jahren. Es betrug etwas mehr als 4 Rubel. Ich fand damals ein Treffen der Lesefamilien so spannend, dass ich unbedingt darüber berichten wollte. So schrieb ich meinen ersten journalistischen Text und sandte ihn an die Kreiszeitung. Als mein Bericht einige Tage später veröffentlicht wurde, sprachen mich viele Menschen darauf an. Eine Lehrerin sagte, dass sie mir nicht glaubte, imstande zu sein, einen solchen Text selbst zu verfassen. Ich nahm die Herausforderungen, weiter zu schreiben, an und wurde bald zum einzigen Junkor — junger Korrespondent — der Stadt.

Als angehender Journalist hatte ich noch kein Gespür dafür, was angemessen oder für die damalige Zeit politisch korrekt war, und schrieb so, wie ich es dachte. Die Beiträge über die Sinnlosigkeit der Freizeitgestaltung an einem abgelegenen Ort oder über die örtliche Disko und den Breakdance wurden in der ganzen Stadt besprochen. Ich bedauere heute meinen kritischen Bericht über den ärztlichen Notruf, in dem ich aus meiner Unwissenheit heraus beschrieb, wie langsam die Notrufmitarbeiter waren. Dass ich damit einige Menschen verletzt hatte, erfuhr ich erst Jahre später, als eine Ärztin mir erzählte, dass mein Bericht bei ihren Kollegen immer noch ein Thema war.

Ein Journalist erzählte mir später in einem vertraulichen Gespräch, auf was ich besonders achten sollte und was der Unterschied zwischen unseren und den kapitalistischen Medien ist. Die kapitalistischen Medien verkaufen Informationen und denken nicht über ihre soziale Verantwortung nach. Die sozialistischen Medien verfolgen dagegen das Ziel, nicht nur zu informieren, sondern vor allem aufzuklären. Durch ihre ehrliche Darstellung sollen sozialistische Medien Menschen zu guten Bürgern erziehen und ihnen helfen, die Vorteile unseres politischen Systems zu schätzen. Nach diesem Gespräch verstand ich auch, dass im Westen sich die Kirche um das Gewissen der Menschen kümmert, in der Sowjetunion dagegen die Kommunistische Partei unter Mithilfe der Medien für das Gewissen der Bürger zuständig ist. Dass müsste ich mir nach der Meinung meines Gesprächspartners gut merken, damit ich zu einem erfolgreichen Journalisten heranwachsen könnte. Da ich mich schon in diesem Moment erwachsen fühlte, fing ich an, etwas zu verfassen, was den dummen Lesern helfen sollte, ihre Augen für unsere ideologischen Vorteile zu öffnen. Leichter gedacht als getan. Alles, was ich zu schreiben versuchte, wirkte nicht nur naiv, sondern einfach dumm. Nachdem mehrere Entwürfe im Papierkorb landeten, begriff ich, dass politischer Journalismus nicht meine Berufung war.

Erschüttert von der Offenheit und fasziniert von ketzerischen Gedanken, war ich nach dem Gespräch mit einem anderen Journalisten: „Lies die Zeitungen, bilde dir aber deine eigene Meinung. Wir sind alle Menschen und keiner von uns hat ein Patent auf die Wahrheit."

Die wahre Bedeutung der Zeitungen offenbarte mir Onkel Kolja — ein älterer Mann, der im Erdgeschoss unseres Plattenbaus lebte. Er lobte vor allem die Zeitung „Prawda", die besonders geeignet sei, um die eingelegten Heringe zu filetieren. Die Zeitung „Trud" war seiner Meinung nach gut als Verpackungsmaterial, für Tischdecken und Toilettenpapier geeignet. Sie färbt nicht nach und riecht weniger als die anderen nach Druckerfarbe. Für welche Zwecke er die Zeitungen mit meinen Beiträgen verwendete, hat er dabei nicht gesagt.

APRIL, APRIL

Im Alter von fünfzehn Jahren mussten alle Jungs zur Musterung. Dabei wurde eine gefährliche Veränderung in meinem Beinknochen entdeckt. Der erste schreckliche Verdacht — Tuberkulose. Nach der Untersuchung in einem Spezialkrankenhaus wurde ich in die beste Regionalklinik geschickt. Zu unserer Freude kam eine Entwarnung — keine Tuberkulose. Das Krankenhaus durfte ich aber trotzdem nicht verlassen. Über mehrere Monate hinweg liefen verschiedene Untersuchungen, die Ärzte schauten mich mitleidig an, ohne mir eine Diagnose zu geben.

Einmal hatte ich die Möglichkeit, in meine Krankenakte zu schauen, und las da eine erschreckende Nachricht — Krebs. Ich sprach mit keinem darüber. Krebs war damals nicht heilbar, es war keine Diagnose, sondern ein Todesurteil. Auf der ganzen Welt gab es nur einen, der mir in dieser Situation helfen konnte. Er war unsichtbar — und doch war er da. In meinem kindlichen Vertrauen hatte ich keinen Zweifel, dass Gott genau weiß, was für mich gut ist. Ich kam nicht auf die Idee, ihn nach dem Warum zu fragen, sondern begann intensiver zu beten. Ich betete da, wo die anderen mich nicht sehen konnten — während der Spaziergänge durch lange Flure des Krankenhauses sowie unter der Bettdecke. Wenn Jesus will, kann er es bestimmt so machen, dass von diesem Krebs

nichts übrig bleibt. Ich sprach mit ihm wie ein kleiner naiver Junge und versprach ihm, für die Liebe
in meinem Umfeld zu sorgen und konnte dabei
nicht ahnen, wie schnell ich dazu eine Gelegenheit
bekommen würde.

Nach vier Monaten entschloss sich ein ärztliches
Konsilium für eine Operation. Ich lag in einem
5-Bett-Zimmer mit vier Erwachsenen, alle schwer
krank. Neben meinem Bett stand das Bett eines
jungen Mannes namens Vlad, der sich in die Krankenschwester Larissa verliebt hatte. Er sprach ständig darüber, traute sich aber nicht, sie anzuspre-
chen. Keiner wusste, wie wir diesem Vlad helfen
konnten. Am Tag der Operation schaute ich alle
mit einem dramatischen Blick an: Wer weiß, ob ich
alle nochmal wiedersehe. Ich habe auch für Vlad
gebetet und versicherte ihm, dass wir alle eine
schöne Zukunft haben würden.

Am Tag nach meiner OP lag ich noch mit hohem
Fieber ans Bett gefesselt. Als ich morgens früh die
Augen öffnete, fragte ich mich, was für ein Tag
wohl wäre. Es war der 1. April. Jemanden in den
April zu schicken, hätte die Stimmung im Zimmer aufgelockert. Alle schliefen aber noch. Nun
schaute Krankenschwester Larissa durch die Tür.
Junge Menschen wie ich handeln oft spontan,
ohne über die Folgen nachzudenken. So rief ich
mit einer nach der OP noch schwachen Stimme:
„Schwester, Schwester, meinem Zimmernachbarn
geht's nicht gut." Die Krankenschwester ging an
Vlads Bett und fragte ganz vorsichtig: „Hey, wie

geht es Ihnen?" Vlad schlief wie immer tief und reagierte auf diese Ansprache nicht. Die besorgte Schwester setzte sich zu ihm an den Rand des Bettes, nahm seine Hand und fragte ihn noch einmal: „Wie geht es Ihnen?" Es kam keine Antwort außer einem tiefen Ausatmen. Die Lage wurde immer ernster. Alle anderen Zimmernachbarn wachten schon auf und beobachteten die Rettungsaktion. Nun musste die arme Schwester Vlad dringend wieder zu Bewusstsein bringen. Sie blieb ganz bei Sinnen und begann, ihm beidseitig Backpfeifen zu verpassen. Als Vlad die Augen öffnete, konnte er die Realität nicht fassen. Bei ihm am Bett saß seine Traumfrau, sie schaute ihn an und fragte: „Geht's Ihnen schlecht?" Vlads Grinsen breitete sich über das ganze Gesicht aus und er murmelte: „Gut! Mir geht's so was von gut!" Ich gratulierte allen zum 1. April und das ganze Zimmer wurde von lautem Gelächter erfüllt.

Ich musste noch sechs Wochen im Bett liegen. Das Bein wurde durchbohrt, mit Gewichten beschwert und aufgehängt. Meine ersten zwei Schritte ums Bett herum verursachten Glückstränen. Ende Mai wurde ich aus dem Krankenhaus entlassen. Der Chirurg sprach diesmal sehr offen mit mir: „Wir haben eine so große Schnittwunde gemacht, da wir nach Krebs suchten. Dein Knochen war nicht ganz gesund, aber Krebs fanden wir nicht." Er empfahl, für eine gute Genesung viel Protein zu essen, was beim damaligen Lebensmittelmangel gar nicht einfach war. Meine Tante Maria schaffte es irgendwie, für mich eine große Ein-Kilo-Dose schwarzen Kaviar zu besorgen. So konnte und musste ich sogar das einzige Mal in meinem Leben Kaviar löffeln. Ich begann, neu gehen zu lernen, und wusste, dass Gott alles zum Guten wenden kann. Die Schmerzen und die Ängste sind schon lange vergessen, der 1. April wurde für mich aber zu einem der liebsten Tage des Jahres. Es lohnt sich, auch wenn es einem selbst nicht so gut geht, den anderen etwas Freude zu schenken.

DER SIEG DER TAUTOLOGIE

A n einem Oktoberabend wurden alle Schüler der Abschlussklassen zu einer Versammlung eingeladen. „Genossen!", sprach uns die Sekretärin des Kommunistischen Jugendverbandes unserer Schule an. „Wir sind erwachsen genug, nicht nur an die Abiturprüfungen, sondern auch an die wichtigste Prüfung unseres Lebens zu denken. Das können wir ab sofort durch unsere Teilnahme am „Leninschen Testat" beweisen!" Am Ende der Versammlung bekam jeder von uns ein vorgedrucktes Heft in Postkartenformat. Ab diesem Moment waren wir automatisch zu einem freiwilligen Programm des geistlichen Wachstums der sowjetischen Jugend angemeldet.

Das Lenin'sche Testat sollte bezeugen, dass wir in der unterrichtsfreien Zeit Werke von Wladimir Lenin lesen und damit unsere kommunistische Selbstentwicklung verfolgen. Zunächst musste jeder von uns Ziele seines persönlichen Wachstums formulieren und diese von den Schulkameraden bestätigen lassen. Diese Ziele wurden in ein eigenes Heftchen eingetragen und am Ende eines jeden Quartals nach einer Gewissensprüfung eigenständig bewertet. Zu solchen Zielen gehörten z. B. die Verbesserung von Schulleistungen, Korrektur der Charaktereigenschaften, Einsatz für das Gemeinwohl und die Beseitigung von schlechten

Angewohnheiten. Es war zu erwarten, dass jeder zum Abschluss des Schuljahres seine persönliche Entwicklung von den Kameraden in einer thematischen Klassenversammlung testieren ließ.

Kein Wunder, dass nur wenige Schüler vom Lenin'schen Testat begeistert waren. Nur wenige, aber einige doch. Es gibt überall solche Aktivisten, die nicht nur für sich, sondern vor allem für andere Vorsätze machen wollen. Einer von ihnen hatte mir schon damals seine Lebensweisheit anvertraut: „Wenn du die anderen kontrollierst, wird es keiner wagen, dich zu kontrollieren." Für diejenigen, die sich nicht als Aufseher über die anderen sahen, aber auch nicht kontrolliert werden wollten, blieb nur eines — die Aktivisten nicht ernst zu nehmen.

Mein guter Freund Oleg bot mir an, die Heftchen zusammen auszufüllen. Welche Ziele sollten wir da reinschreiben? Die Aktionen des Naturschutzes und der Völkerfreundschaft hatten wir schon als junge Pioniere abgearbeitet. Als Vorbereitung für das Studium an der pädagogischen Universität besuchte ich gerade einen Kurs des künftigen Lehrers und war in der Jugendarbeit sehr aktiv. Das wäre aber nur ein Punkt, man brauchte mindestens fünf. Wir suchten einen Weg, nicht zu lügen und doch ohne Probleme aus dieser Aktion rauszukommen.

Nach gemeinsamen Überlegungen haben wir es geschafft, ein Programm unserer Selbstentwicklung zu entwerfen und dieses voneinander bestätigen zu lassen. Auf die eine Seite kamen Werke von Lenin, die sowieso im Schulprogramm standen. Auf die Seite mit persönlichen Ansätzen haben wir folgende fünf Punkte geschrieben: 1. Das für das Testat vorgesehene Heftchen auszufüllen. 2. Punkt 1 im Licht des Leninismus zu bedenken. 3. Meine Arbeit an den Punkten 1 bis 2 regelmäßig zu überprüfen. 4. Die Erfüllung der Punkte 1 bis 3 ununterbrochen zu verbessern. 5. Über mögliche Schwierigkeiten bei den Punkten 1 bis 4 meine Kameraden zu informieren.

Zufrieden mit unseren Vorsätzen, legten wir diese Heftchen weg und das Schuljahr ging weiter. Bis zum April des folgenden Jahres schien das Lenin'-sche Testat kein Thema mehr zu sein. Dann mussten wir uns wieder mit den letztjährigen Vorsätzen beschäftigen. Oleg und ich markierten alle fünf Punkte als erledigt und gaben unsere Heftchen zur Kontrolle ab. Bei der Klassenversammlung zum Abschluss des Lenin'schen Testats bekamen wir aber beide ein etwas mulmiges Gefühl. Einige Heftchen wurden nach dem Zufallsprinzip aus dem Stapel genommen und von der Klasse bewertet. Was werden wir sagen und was zu hören bekommen, wenn wir dran sind? Die anderen Schüler hatten sich ebenfalls leichte, aber nicht so freche Ziele gesetzt und wurden für ihre gute Arbeit gelobt. Einige wurden auf ihre Schwäche hingewiesen und bekamen etwas Zeit für das Nacharbeiten. Wir beide wurden gar nicht erwähnt.

„Es ist vorüber!", dachten wir und gingen erleichtert nach Hause. Am darauffolgenden Tag rief uns die für die Erziehungsarbeit zuständige Schulleiterin zu sich. Unsere beiden Heftchen lagen auf ihrem Tisch. Oleg und ich schauten einander kurz an und bereiteten uns innerlich auf das Schlimmste vor. „Gestern vergaßen wir, über euer Lenin'sches Testat zu sprechen", sagte die Schulleiterin und steckte jedem von uns unerwartet ein rotes Abzeichen mit Lenins Kopf an die Brust. „Ihr habt euch fünf Punkte vorgenommen und ihr habt alle fünf erfüllt. Wir sind stolz auf euch! Ihr verhaltet euch wie echte sowjetische Menschen!" In der Mitte der 1980er-Jahre interessierten sich nur wenige für kommunistische Selbstentwicklung, die Reden und Ansprachen wurden immer sinnloser und tautologischer. Genauso war es auch mit unserem Lenin'schen Testat. Keiner hatte unsere Heftchen gelesen, da zählten nur die formalen Ergebnisse. Aus dieser Sicht mussten wir der Schulleiterin recht geben: Wir verhielten uns tatsächlich wie die meisten sowjetischen Menschen, eben wie ganz normale Kinder unserer Zeit.

WEM DAS BALLETT TANZT

„Unser größter Vorteil ist die politische Stabilität", sagten unsere Bürgerinnen und Bürger. Solange ich mich erinnern konnte, hatten wir immer den gleichen Partei- und Staatschef gehabt. Er hat kaum etwas entschieden, hat eher ideologische als pragmatische Reden gehalten und schien für alle unersetzbar zu sein. Über Leonid Breschnew gab es viele Witze und Anekdoten und doch war er beliebt und hatte die allgemeine Unterstützung des Volkes. Das Leben schien stabil zu sein und keiner machte sich Sorgen um die eigene Zukunft, geschweige denn um die Zukunft des Landes.

Der Tod des alten und kranken Breschnew kam für viele Menschen dennoch überraschend. Man hatte das Gefühl, dass er für immer an der Spitze des Landes sein würde. Am nächsten Tag stand am Schuleingang sein Porträt mit einem schwarzen Band und Blumen dekoriert. Ich war damals dreizehn Jahre alt. Einige Schüler sagten, dass Breschnews Zeit sowieso abgelaufen war. Unser Physiklehrer mischte sich in das Gespräch ein und redete uns ins Gewissen. Er sagte, dass wir gerade einen entscheidenden Friedensstifter verloren hätten und die Lage der Welt dadurch immer ernster würde.

Es begann eine dreitägige Staatstrauer. Der Begräbnistag wurde zu unserer Zufriedenheit als schulfrei erklärt. Alle Unterhaltungsprogramme im Fernsehen wurden an diesen Tagen durch klassische Musik und Ballett ersetzt. Es war für uns eine einmalige Situation, bei der eine allumfassende traurige und bedrückte Stimmung herrschte. Diese einmalige Situation wiederholte sich fünfzehn Monate später, als das nächste Staatsoberhaupt, Juri Andropow, starb. Und nach weiteren dreizehn Monaten wieder diese Situation durch den Tod des nächsten Staatsoberhauptes, Konstantin Tschernenko. Bei jedem dieser Ereignisse wurde im Fernsehen Ballett, und vor allem „Schwanensee", gezeigt. Mag sein, dass es an der Szene mit dem sterbenden Schwan oder sogar an der Geschichte dieser Musik lag. Pjeter Tschaikowski beendete dieses Stück in der Osterwoche, an der die Orthodoxie traditionsgemäß der Toten gedenkt.

Mit der Wahl des relativ jungen Gorbatschow ging die Reihe der großen Staatsbegräbnisse zu Ende, die Wahrnehmung des Balletts aber war für viele weitere Jahre befestigt. „Sie haben ihn bestimmt umgebracht", rief unsere Nachbarin aus ihrem Fenster einer anderen Nachbarin zu. Sie hatte das Fernsehen eingeschaltet, sah „Schwanensee" und zog daraus nur die eine Schlussfolgerung, dass nun auch Gorbatschow tot war. Man wusste inzwischen wohl nicht mehr, ob der Tod eines Politikers die Ballettübertragung verursachte oder sogar umgekehrt. Zum letzten Mal wurde „Schwanensee" im politischen Kontext während des Augustputsches 1991 ausgestrahlt. Das ganze Land verharrte in Unwissenheit über den eingesperrten Michail Gorbatschow, währenddessen im Fernsehen wieder dieses Ballett zu sehen war. Vier Monate später brach die Sowjetunion zusammen.

„Wem das Ballett tanzt", — so würde in diesem Zusammenhang die Frage aus dem berühmten Romantitel von Ernest Hemingway „Wem die Stunde schlägt" klingen. „Schwanensee" gehört unbestritten zu den bekanntesten Musikwerken der Welt. In der Verbindung mit einer TV-Ausstrahlung erinnert es auch an die Stagnation und den Untergang eines Imperiums. Für manche war es eine Warnung, für andere ein Zeichen der Wende und der Zukunft — Ballett for Future also.

DAS REIFEZEUGNIS

Es begann mit einer festlichen Aufstellung in der Sporthalle. Alle Lehrer und Eltern waren dabei. Wir feierten die letzte Schulglocke. Ein Mädchen aus der ersten Klasse hatte die Ehre, ein goldenes Glöckchen zu läuten und den letzten Schulunterricht unseres Lebens zu verkünden. Alles war an diesem Tag anders. Die Lehrer schienen nicht mehr so streng zu sein. Die Schulleitung redete nicht über abstrakte kommunistische Ziele, sondern wandte sich uns plötzlich ganz menschlich zu: „Bald seid ihr keine Schüler mehr. Wir haben alles getan, um euch auf das große Leben vorzubereiten, nun seid ihr selbst dran." Abschiede in Russland sind immer sentimental. Eine Lehrerin begann zu weinen. Auch bei vielen Eltern und bei einigen von uns waren Tränen zu sehen. Man spürte, dass die Erwachsenen es mit ihren Worten und Gefühlen ernst meinten. Bis zum Schulende hatten wir es endlich gelernt, uns in der Klasse zu vertragen. Jetzt versuchten wir zu begreifen, dass wir tatsächlich keine Kinder mehr waren. Wir waren gerade zwischen 16 und 17 Jahre alt.

Zu meiner Zeit brauchte man bis zum Abitur nur zehn Jahre. Erst mit sieben ging man in die erste Klasse. Drei Jahre dauerte die Grundschule. Nach der achten Klasse war es möglich, in die Berufsausbildung oder auf ein College zu gehen. Nach der zehnten Klasse bekam man das Reifezeugnis und damit die Hochschulreife. Es gab damals keine Gymnasien, alle Schulen im ganzen Land arbeiteten nach dem gleichen System. Die Schulausbildung endete Ende Mai mit der letzten Schulglocke. Danach gab es Abschlussprüfungen in Literatur, Mathe, Geschichte, Bio, Physik, Chemie und Fremdsprachen. Gleich nach der letzten Prüfung fand der große Abschlussball statt.

Am Abschlusstag wussten wir selbst nicht, ob wir noch Kinder oder schon erwachsen waren. Mädchen ließen sich für den Abschlussball festliche Kleider nähen, Jungs kauften sich Anzüge und Krawatten. Das sollte das bis dahin schönste Fest unseres Lebens werden. Zunächst bekamen wir feierlich unsere Reifezeugnisse überreicht. Danach gab es in gemieteten Bussen eine kleine Abschlussfahrt durch die Gegend und ein feierliches Abendessen in der Schulkantine. Gekocht haben die Eltern selbst. „Gott sei Dank!", dachten wir, denn man brauchte schon eine Spezialausbildung, um so schlecht zu kochen wie die Kantinenköche. Unsere Eltern haben ihre Aufgabe gut gemeistert. Da gerade in dieser Zeit die Regierung eine große Kampfansage gegen Alkoholismus gestartet hatte, gab es bei unserem Ball weder Bier noch Wein. Dafür gab es Livemusik von einer echten Band. Die Lehrer waren nach den Prüfungen noch freundlicher und noch menschlicher geworden. Unsere Klassenlehrerin und zwei Schulleiterinnen nahmen meinen guten Freund Paul, mich und noch zwei Mädchen mit in das Lehrerzimmer, um dort mit uns heimlich Sekt zu trinken. Bis jetzt hatten wir alles Unerlaubte vor den Lehrern verheimlicht, nun verheimlichten unsere Lehrer mit uns zusammen den unerlaubten Sekt vor unserem für alle sorgenden Staat. Um vier Uhr morgens gingen wir alle gemeinsam hinaus, um den ersten Sonnenaufgang unseres Erwachsenenlebens zu begrüßen. Als wir merkten, dass einige Lehrer schon weg waren, gingen wir zu ihren Häusern und sangen laut unter ihren Fenstern die Schullieder. Keiner in der Nachbarschaft war uns böse — alle wussten, dass an diesem Tag in allen Schulen des Landes ein sentimentaler Abschied von der Schule und zugleich der Beginn des Erwachsenenlebens gefeiert wurde.

So lange hatte ich mir gewünscht, endlich erwachsen zu werden. Eine Woche nach dem Abschlussball sollte ich siebzehn werden. Ich würde mich dann an der Uni bewerben und mein eigenes Leben beginnen. Jetzt aber genossen wir alle in dieser Nacht unsere letzte Möglichkeit, Schulkinder zu sein. Der Abschlussball verlief ohne Kuriositäten und Überraschungen. Es stimmte einfach alles. Wir lebten in einem großen und aus damaliger Sicht sicheren Staat, der eine glückliche Zukunft versprach. Hoffungsvoll, sentimental, froh und zuversichtlich haben wir in die Zukunft geschaut. Die Schule hatte uns staatliche Reifezeugnisse ausgestellt. Nun sollte das Leben jedem Einzelnen von uns bestätigen, ob und wann wir tatsächlich reif sein würden.

ie Schule ist abgeschlossen, der Schulball
gefeiert, das Reifezeugnis ist in der Hand.
Wir haben einiges gelernt, viel gesprochen und
viel über unsere Zukunft nachgedacht. Und
doch nicht nur wir, sondern auch unsere Lehrer,
Erzieher, unsere Eltern und alle, die unser Leben prägten, hatten keine Ahnung, was auf uns
wartet.

Als wir am 23. Juni 1986 nach dem Abschlussball
auseinandergingen, wussten wir nicht, dass sich
unsere Klasse in voller Größe nie wieder treffen
würde. Mit siebzehn Jahren waren wir Kinder,
die sich schon als Erwachsene fühlten. Wir waren bereit, selbständige Entscheidungen zu treffen und die Verantwortung für unser Leben zu
übernehmen. Wir hatten uns aber nicht vorstellen
können, dass einige von uns ein Jahr später ihren
Wehrdienst in Afghanistan leisten und statt einer
Attrappe echte Maschinengewehre tragen und
den Umgang mit dem Tod lernen mussten. Es
war für uns überraschend, dass eine Mitschülerin
kurz nach dem Abschlussball ein Kind zur Welt
brachte und eine Familie gründete. Es war unvorstellbar, dass der sicherste und auf die Ewigkeit
gegründete Staat der Arbeiter und Bauern nur
fünf Jahre nach unserem Schulabschluss zusam-
menbrechen würde.

In diesem Buch versuchte ich, mit kleinen Geschichten aus meiner Kindheit über die Schick-
sale von Millionen Menschen zu berichten.
Sicherlich hat jeder seine eigenen Rahmenbe-
dingungen gehabt und seine eigenen Erfahrungen gesammelt. Und doch waren wir einander
ähnlich, denn wir sollten nach einem gleichen
Muster zu richtigen sowjetischen Menschen
heranwachsen. Durch Revolutionen und Repressionen versuchten sowjetische Bürger, die
gerechteste Gesellschaft aller Zeiten und zugleich ein irdisches Paradies aufzubauen. Dieses Paradies sollte ohne Gott auskommen und
den Menschen vergöttlichen. Millionen von Begeisterten machten dieses Experiment mit und
wollten oder konnten sich nicht eingestehen,
dass seine Ergebnisse mit dem ursprünglichen
Traum nicht übereinstimmten.

Auch heute gibt es überall auf der Welt Menschen,
die sozialistische Ideen, den Kommunismus oder
andere autoritäre bis totalitäre Weltanschauungen verlockend finden und bestimmte ideologische Konzepte durchsetzen möchten. Es gibt auch
heute viele Versuche, unseren Planeten nicht nur
von Religion und Kirche, sondern auch von Gott
zu befreien. Mit kindlicher Naivität laufen zahlreiche Menschen diesen Ideen nach. Ein alter rus-
sischer Historiker, Wassili Kljutschewski, hat die
Geschichte mit einem Licht verglichen; mit dem
Licht, das aus der Vergangenheit die Zukunft er-
leuchtet. Mögen die in diesem Buch geschehenen

Begegnungen mit Kommunisten, Atheisten und auch netten Menschen uns dabei helfen, erwachsen zu werden, Freiheit und Demokratie schätzen zu lernen und Gott mehr Raum in unserem Leben zu geben.

ALEXANDER N. KRYLOV. WIE ICH ZUM MANN WURDE

SKIZZE

Welch ungewöhnlicher Blick in eine Welt von gestern: Alexander N. Krylovs in episodischen Frag-
menten festgehaltene Erinnerungen an seine Kind-
heits- und Jugendjahre in der Sowjetunion ergeben
eine befremdliche, informative, amüsante, traurige, tröstliche, spannende Lektüre für Leser, denen
das untergegangene kommunistische Riesenreich
terra incognita im Wortsinne war und ist. Es ist ein
Rückblick auf ein entbehrungsreiches junges Leben, mit sanfter Ironie erzählt, aber ohne jede Ver-
bitterung.

Und welch ungewöhnlicher Autor: Alexander Krylov, Jahrgang 1969, wächst in einer deutsch-rus-
sischen Familie auf, verliert früh den Vater, erlebt
den Atheismus als Staatsreligion, hat aber auch
Oma und Mutter, die sich ihren katholischen Glauben bewahrt haben. Nach der Schulzeit folgt eine
steile wissenschaftliche Karriere. Bereits mit 30 Jahren ist Krylov stellvertretender Dekan der Fakultät
für Wirtschaft und Management seiner Universität
in Moskau. Im Jahr 2000 kommt er nach Deutschland und arbeitet als Dozent und später als Professor in Bremen und Berlin. Er verfasst zahlreiche
wissenschaftliche Publikationen.

Der einschneidende Wendepunkt in Krylovs Leben aber sollte noch folgen. „Am Ostermontag
2011 wachte ich auf und wusste, der Tag ist gekom-

men", erzählt er. Die Berufung zum katholischen Priester hat er schon seit über neun Jahren gespürt, jetzt aber ist die Entscheidung gefallen. Nach dem Theologiestudium wird er zunächst zum Diakon und am 3. Juni 2016 vom Kölner Kardinal Woelki zum katholischen Priester geweiht. Mit Professor Dr. Alexander Krylov hat das Erzbistum Köln jetzt einen Priester mit einer außergewöhnlich spannenden Biografie. Zum vorliegenden Band sagt er: „Ich habe meine Person ausgeliehen, um zu erzählen, wie das Leben im autoritären System ist." Das ist ihm auf höchst unterhaltsame Weise gelungen.

Klaus Nachbaur